LYRIK 1985 -1989

LuC. A.

Ludger Christian Albrecht

LYRIK 1985 -1989

Frei Dichtung und gefangene Worte …

Episode 1

Ludger Christian Albrecht

2. Auflage, Copyright 2025

Grafiken mit MS Copilot erzeugt.

lucastoryteller.home.blog

lucaliteratura.wordpress.com

Verlag:

BoD · Books on Demand GmbH,

Überseering 33, 22297 Hamburg,

bod@bod.de

Druck:

Libri Plureos GmbH,

Friedensallee 273, 22763 Hamburg

ISBN: 978-3-8192-1041-9

Inhalt:

Lyrik 1985 - 86

Unser Spiel

Spieler an Spielbrett oder Gedichte eines Überlebenden …

Der Dichter lebt von Sensationen

Skandalen, Toten und Kanonen

Da jeder weiß worum er wirbt

Weiß gleichwohl jeder wann er stirbt

Was nützt mir all das tolle Wissen

Als Denker fühlt man sich beschissen

Man kann da labern und beschwören

Die Würfel fallen und...

Es pflegt stets keiner weiter zuzuhören.

Dichterei

Ich denke nicht aus was ich schreibe.

Ich schreibe aus was ich denke.

Hier geht's los

Was?

Na die Dichterei

Ach so das Problemgequassel

Was soll das heißen?

Das heißt was der Leser denkt

Meinst du?

Ja , ich meine!

Soll ich es denn nicht vielleicht lieber lassen?

Nein, denn schließlich will ich mich belustigen

Sehr witzig

Ich bin immer witzig

Nun leg endlich los.

Kritikergedicht

Ich bin ein Lügner, werdet ihr sagen

Ich bin einer, der gegen die Ordnung verstößt

Ich bin ein Verrückter

Ich bin ein Idealist und doch auch nicht

Ich bin ein Kommunist

Ich bin ein Faschist

Ich bin ein Kapitalist

Ich bin ein Verbrecher

Ich bin ein Terrorist

Ich bin ein Kind

Ich bin eine Fahne im Wind

Ich bin ein Linker, ein Rechter, ein Roter

Ein Schwarzer, ein Brauner, ein Grüner, ein Bunter

Werdet ihr sagen

Ich bin alles was ihr wollt

Und doch bin ich Mensch und muss es auch bleiben.

Die Welt

Die Welt

Die Welt ist eine Kugel

Und Kugeln, die sind rund

Sag Welt, bist du gesund?

Afrika, Asien, Amerika

Australien, Europa

Die Welt

Das ist die Welt

Wie sie uns gefällt

Sag Welt, bist du gesund?

Wohl manchmal schon

Was soll das heißen?

Noch.

So sprich doch Welt
Bist du gesund?

Nicht mehr.

Ungesund

Was meinst du mit nicht mehr gesund?

Ich meine, dass wir die Welt auf der wir leben kaputt machen

Und ihr Klagen bewusst überhören

Sehen das alle so?

Ich denke schon

Nun wenn es alle wissen, brauchst du es ihnen doch nicht noch

mal unter die Nase zu reiben

Doch, das ist es ja gerade

Sie wissen es, aber glauben jeder für sich, nicht dafür zuständig

zu sein

Und was ist mit ihren Nachkommen?
Die haben gefälligst für sich selber zu sorgen
Seltsame Welt.

Die einzelnen Worte

Sie haben alle mehr Bedeutung, mehr Aussage, als man im ersten

Moment glaubt

Meinst du, sie merken das alle?

Die meisten merken es erst,

in dem Augenblick,

jetzt wo du es gesagt hast

und werden das dann

noch für äußerst geschmacklos halten.

Und willst du eine Geschichte erzählen

Oder einfach deinem Ärger Luft verschaffen?

Es soll eigentlich eine Geschichte sein

Wer spielt die Hauptrolle?

Irgendwie alle können sie spielen, wie in einem Rollenspiel Jeder
kann die Rolle des Guten oder des Bösen spielen

Wie er es sieht, wie er sich sieht

Also eigentlich, wie im Leben?

Richtig, das Leben ist wie ein Spielbrett und wir sind die zittern-
den Figuren darauf

Und welche Rolle spielst du?

Gott oder Teufel?

Becher oder Würfel?

Weiß nicht, irgend ein oller Bauer vielleicht

Und ich?

Du bist der Joker.

Die Straße

Asphalt

Schotter

Asphalt

Farbe

Weiß

Staub

Ein Mann auf der Straße

Allein

Mit der Ferne

Keine Bäume

Keine Blumen

Aber die Straße.

Weg mit doppeltem Ziel

Straße wohin?

Straße sag mir wohin?

Kann ich es dir sagen,

wo du mich erschaffen?

Mensch sag mir warum?

Zugfahrt

Hohe Mauern, graue Schlote

Fliegen so an mir vorbei

Und er dichtet seine Reime

Unerkannt

Dafür doch frei.

Nächster Anruf im Gedächtnis

Schicksalsnummer oder nicht

Hoffe auf Karrieren-Schimmer

Läuterung des stumpfen Geist

Schläft er fest und glaubt noch immer

Während dort der Zug entgleist.

Das Fenster

Eine rote Gardine mit herrlichem Muster
Hängt vor dem Fenster
Geteilter Blick hinaus
Graue Welt
Bunte Welt.

Wie ist die Aussicht?
Gut
Was siehst du?
Viel
Viel zu wenig.

Das Fenster ist zu
Fenster lass die Luft herein
Das Fenster bleibt zu.

Geh hin und mach's auf!
Der Weg ist zu weit
Bequemlichkeit.

Wach auf! Die Luft geht aus!
Zu weit
Fenster geh auf!
Das Fenster bleibt zu.
Tote Welt.

AHA

An die Arbeit Kollegen

Denn die Arbeit müsst ihr pflegen

Sonst die Produktion steht still

An die Arbeit Proleten

Denn ihr werdet nicht gebeten

Ihr müsst tun was Big Boss will.

Durst

Durst, Durst, Durst, Durst,
Durst, Durst, Durst, Durst!
Wasser.

Durst, Durst, Durst, Durst!
Wasser.

Durst!
Wasser, Wasser, Wasser,!

Keinen Durst mehr!

Wasser, Wasser, Wasser, Wasser!

Keinen Dur!

Wasser!

Ertrunken.

Der Hilfesong

Viele Lieder, ungedichtet für den Frieden unserer Welt

Viele Lieder nicht gewichtet

Von der Menschheit ausgezählt

Fade Töne, flache Strophen

Bringen neues nur zerpflückt

All die Leute, die es wagen

Werden wahllos unterdrückt.

Der Vogel

Sie haben den Vogel abgeschossen
Kommt ein Vogel geflogen
Macht es einmal kurz: Bumm!
Ist der Vogel getroffen
Kümmert sich keiner drum.

Protest!
Verbot.

Kommt ein Vogel geflogen
Holt er einmal tief Luft
Wird er ums Leben betrogen
Und sein Zwitschern verpufft.

Protest!
Verbot.

Unsere Kernkraftwerke sind sicher.
Ihr habt ja 'nen Vogel!

Gleichheit

Gleiche Rechte für alle
Hör ich sie noch lalle
Da kommt mir hoch die Galle
Bin kurz vorm Abschnalle
Ja ham die se noch alle?

Offenheit und Argumente
Sind bei uns doch nicht gefragt
Der hochmoderne Freiheitstrend
Angepasst und abgehakt
Frage mich wo bleibt die Wende?
Die uns doch groß angesagt.

Der Tag der offenen Tür

1

Hereinspaziert ihr Leute
Bestaunt die Technik von heute
Hereinspaziert ihr Leute
Die Welt ist wunderbar
Der schöne blaue Himmel
Das Wasser fließt so klar.

2

Hereinspaziert ihr Leute
Nun macht euch doch die Freud
Ihr sollt hier was erleben
Und das dann weiter geben
Die schön graziöse Form
Des herrlich kühlen Turm.

3

Hereinspaziert ihr Leute
Worauf wollt ihr noch warten?
Die Taschen voll mit Karten
Der Zug zum Start bereit
Was fehlt wird nicht verraten
Das schöne Ziel ist nicht mehr weit.

4

Hereinspaziert ihr Leute
Was macht ihr euch Gedanken
Die Welt kennt keine Schranken
Wenn ihr sie auch noch scheut
Denn für Natur und Menschlichkeit
ist später ja noch Zeit.

Vielleicht

Zu manchen Dingen soll man sich jeglichen Kommentars
enthalten.
Vielleicht
Sicher ist dies eine Möglichkeit des Begreifen
Ein sicherer Weg
Ausgelegt mit stumpfen Steinen
Bearbeitet in den Bergen von den sieben Zwergen
Das bürgt für Qualität
Aber bald ist es dafür auch schon zu spät
Und zu anderen Themen andere Worte
Wortspiele
Doch es gehört alles beisammen
Schüler für Nichtschüler oder solche, die sich dafür halten
Dies war zunächst ein viel kürzeres Gedicht.

Doch dann folgte die Erleuchtung:

Der Hut als Verkörperung

des Hohen

Mut als Weg

Noten und Not

Lehrer ist tot

Hier ist das Aufkommen einer neuen Schülerstrebsamkeit
zu bemerken!

Der Mangel an Arbeitsplätzen

wiegt schwer in uns

Der Tag mit der offenen Tür wird kommen

Spätestens mit Gewalt.

Des Schülers Not

Schülerleistung
Oder auch nicht
Herr Lehrer meine Note?
Schüler deine Note, deine Note ist nicht gut
Herr Lehrer geben sie her, wir tun sie in meinen
Hut Wie meinst du das denn Schüler?
Sag, das versteh ich nicht
Herr Lehrer ihre Note, ihre Note ist nicht gut.
Schülerbegeisterung
Bedenken oder auch nicht.
Herr Direktor meine Schüler?
Lehrer deine Schüler, deine Schüler sind nicht
gut Herr Direktor lassen sie mir den Frieden
Ich verliere nicht den Mut
So, meinst du das kleiner Lehrer?
Nun ich versteh dich gut
Herr Direktor ihre Schüler, ihre Schüler sind
nicht gut Schülerleben und Schülergedanken
Keinen Einblick oder selten
Schülerliebe
Unverständlich oder auch nicht
Schülertage, Träume, Wünsche
Ohne Bindung oder nicht
Schülerfreundschaft
Aber selten, meist noch frisch
Herr Welt meine Zukunft?

Rückfahrt

Ist der Tag noch nicht vorüber

Bald das Dunkel näher rückt

Strecken sie die müden Glieder

Sind die Töpfe ausgeleckt

Doch er schreibt noch

unverdrießlich

Wohlgenährt mit Dichterstoff

Klagt verdrossen, wünscht sich schließlich

Stille Ruhe ohne Zoff.

Romantisch

Mein Lieblingsthema

Sehr altmodisch in der Zeit der Computer

Ich weiß

Romantisch

Es lebe der alte Gutenberg!

Der keiner war

Werden sie deine Gefühle teilen?

Viele

Na dann.

Den Fortbestand des alten Klassenkampfes will niemand
wahrhaben

Doch er existiert noch immer

Und noch immer gewinnt in diesem Spiel nur der eine

Und der andere ist stets der Verlierer

Brot ist heute nicht viel

Arbeit ist zu allgemein

Das sollte so jedoch nicht sein

Es wird immer einen Ausgebeuteten geben und immer einen
Ausbeuter

Solange jedoch jeder in sich beides verkörpert,
geht es beinah gut

Vergesst jedoch nicht jene, denen es nicht gut geht.

Das Buch

Ich lese

Ich lese gerne

Ich lese gerne ein Buch

Ich würde gerne ein Buch lesen

Doch ich muss schreiben.

Es ist schwer zu lesen

Ich lese gerne ein gutes Buch

Es hat zu viele Seiten

Was stören mich die Seiten

Mir fehlt die wahre Zeit.

Ich denke, ich würde gerne ein Buch schreiben

Warum?

Weil mir die tollsten Geschichten im Kopf herum gehen

Ich wandere auch in deinem Kopf herum

Wie du zum Beispiel

Was für Geschichten?

Schöne Geschichten von Liebe und Glück.

Denk lieber an die Wirklichkeit

Was ist das für eine Wirklichkeit, die mir nicht das beschert was

ich mir erträume?

Nimm dir was du brauchst, der Stärkere gewinnt.
Es ist die Wirklichkeit, ist sie nicht auch Geschichte? Stimmt
Schöne Geschichte von Leiden und Krieg.
Wir lesen
Wir lesen gerne
Wir lesen gerne ein Buch
Wir würden gerne ein gutes Buch lesen.

Rufsong

Der Ruf zum großen Widerstand
Bei vielen taube Ohren fand
Der Ruf zur Revolution
Klingt heute schon monoton
Der Tross der heiligen Worte
In leerer Hülle zerspringt
Sie zählen stolz die Orte
Wo man ihre Lieder nun singt
Doch als sie überrannt
Ihr letzter Ort war ein Wand.

Begegnung

1

Ich sitz im Zug und konzentriere mich

Auf meine spannende Lektüre

Die Schatten der Welt huschen kaum gesehen an mir vorbei

Immer wieder verlassen meine Gedanken meinen Willen Die

Abteiltür geht auf.

2

Jung, schlank, lässig, blond , hübsch

Über alle Maßen

Mein Herz pocht heftig

Mein Blick streift bezaubert den ihren

Verliebt ohne Zweifel

Nach äußerer Ansicht.

3

Sie setzt sich ohne Worte

Gedankenverloren bildhübsch

Sie holt eine Zigarette heraus

Ich verliere ständig die Zeile

Heiße Stirn, reiß dich zusammen

Geschichte gegen Wirklichkeit.

4

Haben sie mal Feuer?

Welch himmlische Stimme

Jetzt ein Gespräch, das ist die Chance

Oh, warten sie, ich habe mein Feuerzeug gefunden verpasst.

Joker im Spiel

Spieler, Spieler hinter dem Tisch

Behalt die Nerven, verliere die Nerven nicht

Spieler, Spieler ohne Gesicht

Behalt das Glück, behalt es wenn es dich trifft

Behalt das Spiel für dich

Sonst hilft der Joker nicht.

Liebe

Ich mag euch
Hört ihr?
Nein, sie hören mich nicht
Schade
Das nächste Mal bestimmt.

Ich mag sie sehr
Was meint ihr?
Nichts?
Warum nicht?
So sagt doch was
Ach, schade
Beim nächsten Mal vielleicht.

Ich mag dich sehr gerne
Du mich auch?
Sag doch bitte was
Antworte mir doch
Ach, wie schade.
Warum denn nicht?!
Lass mich nicht allein,
steh mir bei
Hilf mir doch
Und weitere Versuche
Er bleibt in Einsamkeit
zurück.

Aktuell

Sicherung des Weltfriedens bleibt Hauptaufgabe

UNO

Raumordnung

Gleiche Lebensqualität für Stadt und Land

Tendenz der 80iger Jahre

Auf in den Weltraum, hui!

Ölpest

Taschenspieler unterwegs

Aktuell.

Drehstuhl

Sag mal Stuhl was drehst du dich?

Ich bin ein Drehstuhl

Sag Stuhl bin ich dir zu schwer?

Ich bin eben ein Stuhl

Eben.

Sag mal Stuhl warum drehst du dich nicht mehr?

Ich kann nicht mehr

Stuhl ich war dir wohl zu schwer?

Einen neuen Stuhl her!

Wind

Warm

Zu warm Heiß

Zu heiß

Glut

Verbrannt. Wind! Erlösung

Frische Brise Kühle

Kälte

Zu kalt Frost
Erfroren. Wind! Tod.

Salomonisch

Was kann so ein Vers so alles bewirken?

Vermutlich weniger als man erhofft

Kann er helfen oder warnen?

Oder ist er in den Wind geschrieben?

Sieh das Licht am Horizont

Sprach Salomon der Zauberer und zog die Gardinen zu

Daraufhin leuchtete das magisch entflammte Feuer in seiner

Hand den Weg

Entlang der unendlichen Reise zum Horizont.

Die vielen Gegenstände des aktuellen Gebrauchs

Die vielen tausend Handgriffe mit ständiger Wiederholung

Der Wille zur Zärtlichkeit.

Also zurück zur Liebe!

In der Ferne klingt die Glocke

Achtung, nicht überhören!

Wer tot ist, der hat keine Sorgen

Das ist allgemein bekannt

Darum sterben auch so viele im ganzen Land.

Telefon

RYLOZON 234

Ring!

Ring!

Ring!

Hallo?

Hallo ich bin's

Ach du, wie geht's?

Gut

Und dir?

Auch

Wolltest du etwas bestimmtes?

Nein eigentlich nicht

Na dann, weißt du, ich hab jetzt leider keine Zeit

Wir sehen uns sicher demnächst ja?

Ja, klar doch

Mach's gut, bis dann

Bis dann, tschüss Tschüs

Klack

Klack.

Die Woche

Arbeit, Arbeit, Arbeit, Arbeit,

Arbeit, Arbeit, Sonntag.

Interesse, Interesse, Interesse, Interesse, Interesse, Interesse, Liebe.

Stress, Stress, Stress, Stress, Stress. Stress, Ruhe.

Wirklich?

Warum?

Das Leben

Wer sagt das?

ALLE

Wer hat das erfunden?

Wir Menschen

Wer kann es ändern?

Menschen.

Keine Worte

Ich sage nichts

Nein, ich sage nichts

Ich sage ganz bestimmt nichts

Nein, nichts

Wieso sollte ich etwas sagen?

Ich sage nichts, nein

Du bringst mich nicht zum Sprechen

Dir sag ich nichts

Warum sollte ich dir etwas sagen?

Was sollte ich dir schon sagen?

Ich habe dir nichts zu sagen

Ich weiß nichts, was ich dir sagen könnte

Ich habe nichts zu sagen, was du hören willst.

Ich sag dir nicht, was du wissen willst Ich weiß
nichts zu sagen

Ich kann nichts sagen

Ich darf nichts sagen

Ich sage nichts

So schweig.

Oh Schwimmer

Oh Schwimmer

Oh Schwimmer in rabenschwarzer Flut

Oh Schwimmer verliere niemals deinen Mut

Oh Schwimmer schwimme gut

Oh Schwimmer du besiegst das Boot im Kampf

Oh Schwimmer erstarre nicht im Krampf

Oh Schwimmer in Not

Wir werden weinen bei deinem Tod

Doch Schwimmer verliere niemals deinen Mut

Es springt für dich ein neuer Schwimmer in die Flut.

Tomate

Sag Tomate, wann kommst du aus der Erde?

Wenn der Regen kommt

Regen!

Sag Tomate, wann sprießen deine Blätter?

Wenn ich groß genug bin

Groß!

Sag Tomate, wann blühen deine Blüten?

Wenn die Bienen kommen

Bienen!

Sag Tomate, wann reifen deine Früchte?

Wenn die Sonne scheint

Sonne!

Sag Tomate, wann naht dein Ende?

Wenn die Sonne scheint und der Mensch kommt.

Wir Zwerge

Erzähl mir was von dir

Wir sind klein aber OHO

Das war mir doch klar

Warum fragst du dann so?

Sag mir mal was

Und ich glaube dir das

Denn du bist ich

Als es daran ging sich die Macht zu teilen

Da kamen sie geeilt

Doch als es daran ging die Macht zu verteilen

Da haben sie verweilt und bloß noch rumgegeilt

Die Sowjets sind Realisten

Das ist der Unterschied zu den braunen Abenteurern

Kohlspruch

Hört die Bonner Nachrichten

Post aus unsereiner Hauptstadt

Frohe Botschaft an den Frieden

Er dauert schon allzu lange

Frohe Botschaft an die Welt

Wir sind wieder wer

Es lebe der, mit der größten Klappe!

Postkarte

Viele Grüße aus

Viele Grüße von

Beste Wünsche

Alles Gute

Aus der Hauptstadt Bonn

Bööh!

Sei ruhig!

Böööööh!

Halts Maul!

Böööööööööh!

Zurück an die Bundespost

Adressat verzogen.

Zwergensyndrom

Hilfe ich ertrinke im Rhein!

Ich muss zum linken oder zum rechten Ufer schreien

Ganz egal

Alles besser als in dieser Brühe ertrinken

Es sind noch weitere Figuren im Spiel die stinken Zum

Beispiel so viele elende Zwerge

Das Zwergensyndrom gereicht dir zum Hohn

Nicht jeder Zwerg entpuppt sich als Riese

Begrabt ihn in der Wiese!

Zu denken, dass man ein Buch schreiben will

Ist leicht

Ein Buch dann jedoch auch wirklich zu schreiben

Ist schwer

Doch mit dem Spaß kommt die Leichtigkeit des Seins

Aber mir sind die Briefmarken ausgegangen

Ist banal
Bei uns gibt es sowieso keine Post
Eine Erfindung nur für Liebesbriefe
Denn wir Zwerge wohnen in dunklen Höhlen, dort
gibt es nur reitende Boten
Eilboten unterwegs!
Wortspiel:
Bedeutet viel
Warum fragst du?

Aber nie

Aber niemals werdet ihr euch wehren

Aber niemals werdet ihr die vollen Eimer leeren

Und sie werden euch belehren

Dass ihr euch müsst selbst bekehren

Und ihr werdet euch verzehren

Aber niemals werden sie sich darum scheren.

Das Gespräch

1

Sie werden sagen:

Ich sei eine Gefahr für die öffentliche Meinung

Sie werden schüren, den panischen Hass

Doch ich sage euch, das habt ihr gar nicht nötig

Weil die Mehrheit sowieso nur funktioniert, wie ihr sie

programmiert

Und Maschinen kann man nicht überzeugen.

2

Ich möchte euch nicht zu nahe treten

Doch die Herde läuft im Trott

Sie werden sagen:

Ich sei ein schwarzes Schaf

Doch ich sage euch:

Gerade das bin ich mit Sicherheit nicht

Ich bin eher ein weißes Schaf in einer schwarzen Herde.

3

  Mein Kopf ist voller Vorurteile

Voll vorgefasster Meinungen von sittlicher Vertraulich-

keit Voll unterdrückter Verspannung

Voller Wünsche und Hoffnungen

Voll Liebe und Hass

Voller Schmerzen

Voller Ängste

Voller Träume

Mein Kopf ist doch kein Fass

Mich wird der Schlag ereilen.

4

Dralala, dralala, dralala

Der grüne Bote ist da

Wir verbessern die Welt

Wir fordern die Wandlung des Denkens

Wir fordern den sauberen Rhein

Und in wenigen Jahren werden wir vergessen sein Dra-

lala, dralala, dralala.

5

Er ist ein besserer Dichter gar

Da fehlt mir noch die Sicht

Drum möchte ich nicht ein Schöngeist sein

Und fahre doch mit Licht

Wer besser ist entscheidet klar das oberste Gericht.

Zweck

Ein kleines Lied

Ja und?

Verklingt die Melodie

Nichts und.

Was für ein Scheiß!

Man hört sie sonst doch nie

Das war ihr Zweck

Ein winzig kleines Lied.

Arbeitersong

Arbeit und Brot

Geben uns Hoffnung und wenn sie fehlen Tod

Arbeit und Brot

Wecken Leiden, stillen Not

Doch niemals ist es gleich bemessen

Niemals war's gerecht

Jene tun sich überfressen

Andren geht es schlecht.

Brot und Arbeit sind die Mittel ihrer Hilfe gar

Lasst sie schaffen, lenkt sie ab

Denn das bezahlt sich bar.

Kalte Briefe an die Oben

Führen pur zu nichts

Händeschütteln, manchmal loben

Fällt nicht ins Gewicht

In den Zeiten des Verzichts

Sagen sie dir ihr »Nein« ins Gesicht.

Die Riesin

Wo bleibt die Romantik?

Da fragst du zu viel

Romantik ist einfach nicht mein Stil

Oder doch?

Themenangepasst

Vorliebe für lange Sätze

Schon in der Schule entdeckt

Grüße an alle meine Deutschlehrer

Grüße an den Oberzwerg.

Es gibt nur wenige Zwergenfrauen

Dafür aber genug Riesinnen

Knabenhaftes Benehmen ist durchaus beliebt

Die ständigen Ängste vor der herrischen Frau

Gegenrevolution!

Sex als hohes Ziel und Mittel

Kampf der Frau

Kampf gegen die Unterdrückung der Frau

Kampf der Bemutterung des Mannes.

Gleichberechtigung!

Aber viel mehr

Die Frauen von Zwergen tragen schon von Geburt an Bärte.

Kurze Gedichte im süßen Klang

Wortgeplänkel

Schwer zu lesen

Schwer zu verkaufen

Kapitalgesellschaft ade

Wieder mal selbst gemeint

Revolution der Schlagwörter könnte man dies nennen Was
willst du über mich erfahren?

Lass uns dichten

Lausche dem Klang der Erklärung ungetrübt

Vielleicht glaubt mir keiner

Bin doch verliebt.

Junge

Junge

Junge du bist ein Mann

Nun halt dich auch daran.

Ich habe kein Glück

Sie sehen mich nicht

Ich hasse sie!

Ich hasse mich dafür

Ich bin zu dick, zu ernst, zu dumm,

Ich bin kein richtiger Mann.

Was redest du da?

Auf jetzt, fass dich wieder!

Mach dich nicht selbst verrückt

Selbstvertrauen heißt das Zauberwort.

Junge

Junge du bist ein Mann

Geh nicht kaputt daran.

Gedichte

Solche oder solche Gedichte?

Warum schreibe ich Gedichte?

Aber was für Gedichte?

Du hast recht

Ich denke darüber nach, dass du Recht hast.

Ich sitze im Büro und warte auf Ideen

Eigentlich sollte ich arbeiten

Das Geräusch der laufenden Schreibmaschine hält mich wach.

Hitze

Langeweile

Darum schreibe ich Gedichte

Einfach so.

Was für Gedichte?

Meine Gedichte

Meine Verse

Meine Gedanken

Wie du willst

Wer bitte bist du?

Die Fantasie der Welt.

Große Dichtkunst ist niemals zu erreichen

Sag Tomate warum?

Gedankengänge in ewiger Verfolgung

Sag mir Tomate warum?

Beißen sich in den eigenen Schwanz

Du als Verkörperung des Meisters

Im heiligen Krieg gegen die Abstumpfung.

Aufruf zum revolutionären Schreiben!

Die hohe Intelligenz der Science-Fiction Autoren

Ist zu bewundern

Doch ihre Mahnungen werden nicht beachtet

Ihre Werke werden gar verachtet

Ausgerechnet von jenen, die es besser wissen müssten Fantasy
ist Träumerei

Ich bin ein Fan von Taschenbüchern

Gedichte bauen auf, auf der Erfahrung anderer.

Solche oder solche Gedichte

Darum schreibe ich Gedichte

Diese Gedichte

Du bist im Unrecht

Ich weiß, dass du im Unrecht bist.

Musik

Musik?

Was ist Musik?

Ich höre Musik

Ich liebe Musik

Kannst du Musik machen?

Nein, leider nicht

Du kannst es

Wie meinst du das?

Du kannst es, wenn du es willst

Deine eigene, ureigene Musik

Film und Tonband deiner Seele

Es gibt keine Seele

Doch, du musst sie nur finden

Jeder Ausdruck,

Jeder Laut von dir

Ist Musik

Deine Musik

Such sie

Mach Musik

Du wirst sehen, du kannst es.

Eigentlich

Eigentlich Kriegsdienstverweigerung …

Aber warum?

Begründung

Was begründen?

Ich weiß auch nicht

Es gibt eigentlich nichts zu begründen

Es ist mir ebenso unverständlich

Es geht drum

Wie die Soldaten sagen würden, müssten: »JAWOHL«

Ich verstehe nicht wie man den Kriegsdienst nicht verweigern kann

Aber wieso denn, schießen macht doch Spaß

Du bist kein richtiger Mann, wenn du nicht Soldat gewesen bist

Das sehen vor allem die Weiber so

Warum, wenn du Glück hast, kannst du den faulen Lenz machen

Brauchst dich nicht abrackern und bist früh fertig

Ist ja ekelhaft!

Unfassbar!

Purer Oberpraktiker ohne Gewissen

Reiner Egoismus

Eigentlich sehe ich das so.

Ich weiß nicht ob ich in der Lage bin Zivildienst zu machen Aber
ich finde der Versuch ist es wert

Dagegen töten üben?

Werden die Leute denn nie klug aus der Geschichte?

Eine abgedroschene Phrase

Verteidigungsarmee!

Lächerlich

Eigentlich sag ich's ja.

Konservative Erziehung

Vaterlandsgefühle

Durch und durch

Wird ich niemals begreifen

Doch sie bleiben die Basis der Gesellschaft

Und die Angst von Oben geschürt

Mut und Vertrauen sind Fremdwörter

Eigentlich sollt es nicht nötig sein

Es sagen zu müssen

Eigentlich.

Genauso

Ich spreche oft über Dinge von denen ich nichts weiß

Das meine ich aber auch

Man könnte dazu noch so manches ergänzen

Doch ich denke ihr wisst auch so, was ich euch sagen will

Oft vergessen wir über unserer gemeinschaftlichen Probleme,

die Probleme und Sorgen der Einzelnen

Aber auch umgekehrt

Zwerg kennst du das?

Dachte ich mir

Die dicken Dealer leben in Saus und Braus

Und Unsereiner Dichter knabbert an trockenem Brot

Und das Schlimmste ist, ich würde es genauso machen,

hätte ich die Chance.

Scheißdreck

Scheiß Drogen

Ach was weißt du schon? Verdammte

scheiß Drogen!

Du hast ja keine Ahnung

Ich brauch's, verdammt ich brauch's!

Hör auf Mensch, hör auf!

Lass mich

Lass mich in Frieden!

Scheiße, verdammte Scheiße

Nein, nein

Ich hab keinen Bock mehr

Ich will nicht mehr

Ich will raus

Ich brauch einen

Ich brauch einen Schuss

Hilf mir

Hilf mir doch

Nein, lass mich in Ruhe

Scheißdreck, hau ab!

Scheiß Drogen, Scheiß Drogen

Warum hilft mir denn keiner?

Lasst mich allein.

1 mal 1 = 1

Mathematik ist Unterrichtsfach

Mathematik ist Grundlage aller Systeme

Zahlengitter in Ordnung

Wenn nun einer käme und sagen würde: 1 mal 1 = 2

So würden alle Systeme zusammenbrechen?

Selbst wenn dieser eine, die Mehrheit der anderen davon

überzeugen könnte, wäre es nicht so

Sie würden die neue Form einfach für richtig halten

Sie würden sie einfach zur Wahrheit machen

Das System hätte Bestand.

Ich steh allein

Reiß dich zusammen
Wie?
Mann, kämpf!
Das kann doch nicht so schwer sein?
Eß ein paar Sahnetörtchen weniger
Ach was Sahnetörtchen
Die hab ich nie gegessen
Red keinen Mist
Du lässt es jetzt
Ja, ich will ja
Na los, du kannst es
Es ist keiner da, der mir das sagt
Ich steh allein.

Dieses nichtige Problem, was ist das schon?
Das geht doch ganz einfach
Das wirst du jetzt schaffen
Nicht von heute auf morgen
Denk an deine Jugend
Denk an die Mädchen
Mann, du machst das jetzt
Los Junge!
Wäre doch einer da, der mir hilft
Du hast noch die geringsten Probleme Die
Schule kommt auch noch.
Du fetter Arsch
Beweg dich endlich Selbstvertrauenstrai-
ning
Mut zum Schritt
Und jetzt schaffst du es, los!
Du bist doch wer
Das sind deine Wochen
Du bist nicht allein
Du schaffst es mit dir.

Der Autor

Ich möchte gerne ein Buch schreiben

Das ist nicht so einfach

Ich schreibe meine Gedanken nieder

Wie sie mir gerade in den Sinn kommen

Wie jetzt z.B.

Ich lese viel und kann doch nicht schreiben

Ich habe Angst

Problem Nr. 1

Ich kann mich nicht konzentrieren

Ich muss noch lernen

Verzettelung.

Ich will ein Buch schreiben

Es wir kein gutes Buch

Ich weiß es

Ich denke zu viel drüber nach

Blödsinn

Ausbildung

Beruf

Abschluss

Sicherheit

Verunsicherung

Ich muss ein Buch schreiben

Zeit ist Wort

Tut es

Erfahrung

Unterstützung.

Liebe

Zweifel.

Ich schreibe ein Buch

Warum nicht?

Die Gedanken zu finden

Problem Nr. 1 again

Ich muss noch viel lernen

Verzweiflung.

Ein Autor ist auch nur ein Mensch

Jeder Mensch ist der Autor seiner eigenen Geschichte

Wie du weißt

Sag mir, wie finde ich den Anfang?

Leih mir deine Zwergenphilosophie

Bitte gib mir den Mut zum Beginn

Zweifel nicht am tiefen Grund meiner Quelle Versprüh die Hoffnung der Welt

Schöpfung.

Am Tag schaut hin!

Tag der Zusammenkunft von Feder und Tinte

Tag der offenen Tür

Tag deiner Ankunft, Gedanke

Tag im Wissen um ihn

Tag ich bin hier.

Es kann nur ein Gedicht in dieser Form schreiben

Wer schon einen Namen hat

Hast du einen?

Natürlich, mich kennt doch jeder

Ich bin der Superkosmoszwerg

Bist du auch schon mal um solche Türme herum geflogen?

Sicher ich spürte den sauberen Regen

Klare Politikeraussage: PRO

Also!

Verboten!

Tag um Tag das selbe Spiel.

Die selben Figuren, das selbe Ziel

Wo sind die allumfassenden Regeln?

Wer hat dieses Spielbrett gezimmert?

Gott oder ein Dämon?

Und der Apostel sprach: »Es werde ein Buch, das Euch wird helfen, den rechten Weg zu finden.«

Und die Gläubigen verfluchten ihn und schworen sich dieses Buch niemals zu lesen.

Und der fiktive Schöpfer lächelte höhnisch.

Der Turm oder
Arten einer Ausrottung

1

Es ist da ein Turm

Hält Stand jedem Sturm Kein Turm einer Burg Kein Mühlrad

hängt dran Kein Antennengeäst

Keine Leuchte am Weg Die im Dunkel bleibt an.

2

Stolze Form

Bläst weißen Rauch

Viel Geld, viel Zweck

Was jeder braucht

Kraft und Licht

Das ist sein Ziel

Steht unverrückbar fest im Spiel

Als Turm der Macht

Bringt Licht nur einem in der Schlacht.

3

Was nützt uns dieser Turm?

Und all der ganze Rest

Der unsre Luft verpestet

Den Turm den keiner braucht

Die Sorgen türmen sich so auch

Turm im Nebel der Schrecken

Sollst sie alle wecken.

4

Ein Turm der Profite

Der Gier nach dem Geld

Ansehen und Macht sind offen gestellt

Ein Turm den niemand gewählt

Sie rufen zur Hilfe

Zur Mitte ein Turm der niemandem gefällt.

5

Ein Turm in dichter Beschattung noch steht

Ein König der uns zur Ausrottung rät

Man hört sie noch rufen:

»Der Turm ist stabil!«

Noch kurz vor dem Ende übersehen sie den Wurm Der von

Innen zerfrisst ihren Turm

Nun muss man es glauben

Jetzt sind sie am Ziel.

Lebensstern

1

Stille Kammer, Staub besetzt
Voll mit bunten Bildern
Wimpel, Spiele und Pokale
Platten, Bücher, Schreibpapier
Denk an dich so viele Male
Sehne mich zurück nach dir.

2

Hosen, Schuhe, Hefte, Stifte
Alles scheint mir wohlbekannt
Fenster, Bildschirm, Kissen. Laden
Fisch und Vogel an der Lampe
Dienen hier als Zeichen mir.

3

Gleicher Luftzug, holde Düfte
Immerwährende Musik
Zeitungsreste, Würfelbecher
Abgebranntes Kerzenwachs
Erhalten Illusionen hier.

4

Steh nun heute an der Tür
Und mein Blick durchwandert
Jahre Wo ich glücklich war mit dir
Möchte so gerne hier verweilen
Doch das Leben protestiert
Keiner will die Sehnsucht teilen
Die mich zu dir hingeführt.

5

Schreib verloren meine Zeilen
Denn noch ist es nicht passiert
Heute noch kann ich verweilen
Doch wer weiß was morgen wird
Daran denke ich nicht gern
Niemals möchte ich dich verges-
sen Den du bist mein Lebensstern.

Aussage

Wir sollten unser Dialoge von jetzt an auf die Gedichte
beschränken

Denn ich glaube diese sind aussagekräftig genug

Einverstanden?

Abwarten

Ich möchte ein großer Dichter und Poet werden

Ich möchte berühmt sein

Wer nicht?

Ich möchte viel Geld besitzen

Ich möchte beliebt sein

Wer nicht?

Und das alles nicht erst nach meinem Tod

Man sagt doch, wenn man berühmt ist stirbt man nie

Was willst du also?

Dich trifft alles Glück auf einmal

In Ichperson.

Muttergedicht

Bevor ich Schreiber war, war ich Denker

Bevor ich Denker war, war ich Zuhörer

Bevor ich Zuhörer war, war ich Ich

Bevor ich Ich war, war ich Du.

Ich kann die Sprüche meiner Mutter nicht mehr hören

Und doch möchte ich sie nicht überhören

Ich liebe meine Mutter über alles

Doch sie ist das Opfer ihrer Erziehung

Sie ist das Opfer ihrer Zeit

Traurige Gedanken ihrer verspielten Jugend

Ich hatte bloß Glück, dass ich nicht zu ihrer Zeit auf die Welt kam

Wie viele andere auch

Meine Mutter ist die beste Mutter der Welt

Ich darf nicht an ihre manipulierten Gedanken denken

Für sie besteht keine Hoffnung mehr

Für mich ist es ein ewiges Leiden in aller Kraft.

In diesem Gedanken
In diesem Buch

Finden sich keine zusammenhängenden Gedichte

Und doch sage ich

Das sie darin enthalten sind

Nun, wer sucht der findet

Der findet vielleicht doch etwas

Um was es sich dabei tatsächlich handelt, liegt bei jedem selbst

Das ist doch klar, oder?

Durch die Sammlung von Notizen macht man eine Schrift

Ich warte auf die richtige Schreibmaschine

Oder auf einen Computer, das wäre toll

Aha, er wird langsam moderner

Ich kaufe und lese unentwegt Trivialliteratur, sogenannte

Warum?

Warum ist die Banane krumm?

Warum nicht?

Sommerlied

Hört man ein klares Wasser rauschen

Fällt von den Bäumen Blütenschwall

Löst Sommerhitze Regen ab

Läuft der Hund den Pfad herab

Glaubt jeder nur an was er sieht

Lauscht alle Welt nur auf ein Lied

Hofft innig auf den stolzen Sieg

Merkt keiner was, wir haben Krieg.

Hymne

1

Geteiltheit und Unrecht und Gefangenschaft

Danach sollt ihr alle streben

Für euer Land

Mit dem vorgegebenen Feindbild im Herzen

Und den Waffen in der Hand

2

Geteiltheit und Unrecht und Gefangenschaft

Sind das Pfand, das ihr ihnen geben müsst

Zu ihrer Zufriedenheit und zu ihrem Glück

Verblüh in den Strahlungen deines Unglücks

Verblüh unser armes Vaterland.

Vor dem Spiegel

Erfasst vom Wahnsinn der Träume

Der Blick in den Spiegel bringt mir das Grauen zu Bewusstsein Sie,
die Talente im verbalen Dialog

Such ich und hoffe auf den wahren Gegenspieler im Sog des Ich

Die hübsche Diskussion

Interview der Gaukelei phantastischer Erscheinungen

Stoff für viele Seiten.

Blasses Totengesicht

Grinsender Schädel im Ebenbild

Spüren der Furcht vor dem Becken

Zu spüren die späte Stunde

Rasende Plagen des schreienden Gewissen

Von der Richtigkeit der falschen Verantwortungsgefühle über-
zeugt

Angst, unüberwindbare Angst vor dem nächsten Tag

Wissen um die Bedrohung

Zerreißende Nerven im Spiel des Ernstes

Flucht in die allerkleinste kurzzeitige Ablenkung

Vor dem Sturz in die unendliche Tiefe

Erloschener Stern in ungläubigem Glitzern erstarrt

Ausgelöste Krankheit in gleichmäßigem Schwanken

Vor gähnendem Abgrund der hoffnungsvollen Müdigkeit.

Und doch

Das Blatt ist immer noch nicht voll

Was soll ich euch noch sagen?

Ich hätte gar so viel zu sagen

Kann es aber nicht mehr wagen

Ihr lächelt über meine Worte

Ihr nennt mich Lügner, Phantast, Chaot und schlimmer

Ihr werdet sehen, ich geb euch einen Grund

Bis dahin fahrt wohl, bleibt gesund und die Erde ist
doch rund

In der Nacht

1

Alpdruck der Nacht in mir erwacht Licht-
Schatten-Spiel bedeutet nicht viel Benutzter
Löffel, Kleider verstreut
Überall das Schreibpapier
Aufgeschlagene Bücher liegen hier
Ein Tag im Amt hängt an der Wand
Beschreibt das Bild, was ich am Morgen fand
Probleme der anderen belasten mich viel
Der Weg zu den Tiefen.
2
Onkelgefühle, neu und schön
Ein lebender frischer Wind ist das Kind
In Unschuld mich herrlich betört
Große Augen, Vorbildrolle
In eine ganz andere ungewollte Situation
gedrängt
In eine unpassende Weste gezwängt
Ich bin mir mal selbst nicht im Klaren darüber
Sitze hier und hoffe es geht vorüber.
3
Selbstbefriedigung als Mittel der Ablenkung
Kurze Wonne, hohe Wünsche, Ausweg vor
der Panik Alpdruck der Nacht, wieder erwacht
Hab mich selbst so oft verlacht
Mir immer wieder was vorgemacht
Welche Rolle spielt noch die zu überwindende
Macht? Wenn die Kämpfer nicht hingehen zur
Schlacht.räumen bleibt immer nur Ziel.

Hassgedicht

Vor dem Spiegel deiner Liebe

Erfassen mich die Triebe

Und ich folge geil den Sporen

Die du eben erst verloren

Und ich wünsche, du wärest niemals geboren.

Abgeschrieben

Goethes Maifest leuchtet herrlich wieder Natur

Glänzt in der Sonne und ich lache im Flur

Blüten dringen aus jedem Zweig

Höre tausend Stimmen, es ist jetzt soweit

Voll Wonne und Freude schwillt mir die Brust

Oh Erde, oh Sonne, oh glückliche Lust

verdecke meinen Frust.

Aufruf normal

Alle finden es gut
Wie damals
Es ist heute genau die gleiche Situation
Versteht ihr?
Ihr müsst euch mit der Wirklichkeit konfrontieren
Wacht auf aus euren Träumen
Literatur durchtränkt von konservativem Gedankengut
Wisst ihr was das bedeutet?
Begreift ihr die Ausmaße?
Seht ihr endlich wie schnell es zu spät sein kann?
»AUFRUF ZUM FRIEDLICHEN WIDERSTAND GEGEN DEN
SCHLEICHENDEN POLITISCHEN TERROR!!!«
Skandale über Skandale und keiner registriert es
Nächste Woche schon abgehakt
Haben denn schon wieder alle das Denken verlernt?
Skandale gehören zum Fortsetzungsroman, zur Fortsetzungsfernsehserie,
zum Fortsetzungskinofilm
Es ist doch alles normal,
wir führen ein prächtiges Leben
Ich finde keine Worte
Die Fortsetzung dessen,
was ihr alle unbedingt vergessen sehen wollt,
bahnt sich unweigerlich an
HILFE!!!
Es sagt mir keiner was
Sie schweigen alle
Wie immer
Es muss früh genug etwas getan werden
Ich kann nur hoffen, ich bin nicht der einzige der so denkt Weiße Rose
erwache!
Lasst uns endlich die Fehler von damals gut machen
Lasst es diesmal nicht mit euch machen
ERWACHT!
Muss man euch mit der Nase darauf stoßen?
Wann lernt ihr endlich selber zu begreifen?
Denkt an damals, es war ganz genauso
Versteckt eure Menschlichkeit nicht
Noch könnt ihr euch wehren
Lasst euch doch nichts vormachen
Wartet nicht länger
Menschen hört euch selbst zu
Versucht selbst zu denken, zu glauben und zu handeln
Es ist schwierig, wir wissen das alle
Doch es ist jetzt notwendig
Das ist kein Witz und war nie ein Spiel
Das Drama beginnt von vorn
Es hat nie aufgehört
Wisst ihr noch damals?

Wer war Gott?

Gott starb bei der Geburt Jesu

Wie findet ihr diese Theorie?

Denn es war kein Platz in der Welt für zwei Götter

Ich will mich nicht hassen

Kopfschmerzen

Beschlagene Brille

Brillenschlange

Sonnenbrille

Sonne des Lebens

Die Musik der anderen

Diese scheiß Ahnung ...

Oh Gott, oh Gott!

Flugblatt

Wie lange soll diese Rückentwicklung noch gehen?

Schwarzes Denken nimmt überhand!

Eine Regierung hohlköpfiger Superverdiener

Als Diener der Superkapitalisten

Die Menschen gehen kaputt im gnadenlosen System

Eine christliche Partei von Arschleckern und Füßeküssern

Bürger die bloß ihre Ruhe haben wollen

Alles genau wie damals, wisst ihr noch? Propagandistische

Täuschung des Intellekts

Geld über alles!

Hallo ihr Nicker und Jasager

Schaffen wir doch das Grundgesetz ab

Aber sie machen ja schon jetzt was sie wollen

Mit vollgefressenem Wanst sitzt der Bürger da und
schaut die Fortsetzung

Zum Abhaken der Geschichte, hat laut unseren Politi- kern,
jeder Deutsche das Recht

Ein Deutscher kann wieder stolz sein auf sein Land

Auf seine außergewöhnliche Rasse

Wisst ihr noch? Sind sie alle umsonst gestorben?

Jubel zur Abschaffung der sozialen Rechte

Jubel zum Anschaffen der atomaren Vernichtungswaffen

Jubel für den Fortschritt

Ein Deutscher kann wieder Feste feiern

Wir haben die Vergangenheit hinter uns gelassen

Die Jugend marschiert wieder für das neue Deutschland

Wann erkennt ihr endlich, dass es wieder anfängt?

Wann erkennt ihr endlich, dass es nie aufgehört hat?

Ihr Biedermänner, ihr Mitläufer, ihr Blinden!

Wacht auf!

Wann begreift ihr endlich wie tief schwarz die Braunen
waren? Und wie tief braun die Schwarzen noch sind?

Beraubt euch nicht selbst des wenigen demokratischen
Verständnisses, das ihr seit dem letzten Krieg aufbringen
konntet! Kämpft für die Freiheit des Gedankens in der
kommenden Schwarzen Flut!

Wählt richtig, solange ihr noch wählen könnt

Macht keinen Rückschritt, macht keine Kehrtwende

Mach nicht weiter so Deutschland!

Der Kreislauf

Die Ankündigung der Arbeit

Spannung, Vorbereitung, Kameradschaft, Hilfe Schüler gegen Lehrer Ler- nen,

Büffeln, Hoffen

Die Arbeit

Jeder für sich

Zeit, Verzweiflung, Freude, Panik, Zeit

Alles umsonst?

Wut, Zuneigung, Zweifel, Zweifel an sich selbst Zufriedenheit mit dem

Lehrer

Die Autorität
Die Klasse, die Masse nicht gleich Klasse
Der Weg durch die Aufgaben
Streben nach dem gesteckten Ziel
Die Hürden, Zeit, Versuch des Betrugs
Lehrerstrenge, Nutzen der Autorität
Selbstmitleid, wie lange noch Herr Lehrer?
Mitleid mit den Schülern, keine Bindung, Zeit genug, keine Zeit mehr
Pfuschen nicht erlaubt, erlaubt ist was hilft
Der eine hat Glück, der andere nicht
Alle sind gleich
Wo sitzen die Lieblinge?
Wer hat nicht geübt?
Der ist selber schuld
Der Lehrer ist unser Freund und Helfer
Flucht der Lehrer in das System
Zeit, Komma, Punkt, aus!
Abgabe
Was gibt der Schüler in diesem Moment alles ab?
Gute Gefühle, schlechte Gefühle
Verzweiflung, Konkurrenzkampf,
Vergleich
Panik, Schadenfreude, Freude, Hoffnung
Verwunderung, Alles vorbei, Erleichterung
Ach was soll's, es wird verdrängt
Absonderung der Getroffenen
Das sind sie, man sieht es ihnen an, Feindschaft
Freude auf den Gesichtern der anderen, Hass
Die schlimme Zeit des Wartens, Korrektur
Korrigieren der bedeutungsvollen Fehler des Schülers
Die Allmacht der Lehrer
Die Allmacht des Systems
Wir lernen zusammen leben
Wir lernen zusammen töten
Der Tod der Begabung
Ein Schüler muss alles können, dafür ist er schließlich Schüler
Druck der Eltern,
Druck der Erziehung,
Druck des Gewissen, die Note
Keine Musik, oh nein
Die Note als Ausdruck harter Arbeit
Die Note als Notierung im Notenbuch
Symphonie der Lehrernoten ist das Zeugnis
Es zeugt von nichts!
Richtig und wahr, wir brauchen die Leistungsgesellschaft
Schüler leiste uns Gesellschaft im Streben nach der Macht.

Die Rückgabe der Arbeit

Freude, Verzweiflung, Angst, Überraschung

Böse, gute

Erleichterung, Neid, Konkurrenzkampf

Wer sind die Lieblinge?

Vernichtung der Ideale Untergang im System

Es ist alles gerecht

Man kann es schließlich keinem recht machen

Sieg des Systems, alle sind zufrieden

Wirklich?

Die paar Schüler, kann man getrost vergessen

Wer es nicht schafft im einfachen Kreis zu laufen, ist selber

schuld.

Spielkind
Ich spiele in einer Mannschaft, Sport
Wir wollen das Spiel gewinnen
Die anderen, die Gegner natürlich auch
Ich spiele den Kapitän
Wir bilden uns etwas ein auf unser Spiel, unser Hobby
Ich will gewinnen
Ich ärgere mich natürlich, wenn ich nicht gewinne
Wenn ich schlecht spiele, zweifele ich an mir selbst
Ich hadere mit meinem Spielzeug, mit der Umgebung des Spiels,
mit den Mitspielern, mit der ganzen Welt
Ich bin schuld, alles hat schuld, nur nicht ich
Natürlich ist unser Gegner blöd
Ich bin schlecht gelaunt, ich habe verloren
Meine Kameraden sind böse auf mich
Weil ich es war weswegen das Spiel verloren ging
Ich bin böse auf meine Kameraden
Weil wegen ihnen das Spiel verloren gegangen ist
Ich schimpfe, sie schimpfen natürlich
Es liegt in der Natur des Menschen sich aufzuregen
Das Spiel ist mir wichtig, darum will ich gewinnen
Ich nehme das Spiel tierisch ernst
Die anderen machen das doch auch
Es ist ein tolles Gefühl zu gewinnen
Zu triumphieren über die anderen
Ein Sportler ist sportlich
Wenn ich gewinne, kann ich sportlich sein
Wenn ich verliere, soll es doch der Gewinner sein Wut,
schlechter Verlierer
Und wenn schon, verlieren gehört dazu
Solange der andere sich nicht daran hält
Brauch ich das auch nicht
Jähzorn
Aufregung über ein Spiel
Spiel gleich Ersatzkrieg
Krieg, Spiel
Kriegsspiel, Spielkrieg
Sieger und Verlierer
Teuflische Freude nach dem Sieg
  Händedruck, beim nächsten Spiel von vorn Spielverderber
Bei einem Spiel gehört das alles dazu
In meiner Mannschaft spiele ich ein Spiel Spielkind.

Figur

Meine Figur ist gut

Alle bewundern mich

Wie hast du das gemacht?

Mensch toll

Mann ist ja phantastisch

Wie hast du das bloß geschafft?

Eai, das könnte ich nicht

Wahnsinn, Irre!

Alles bloß Worte

Ich werde auch wieder fetter

Meine Figur ist gut

Ich mache genauso eine schlechte Figur wie vorher auch.

Einfach beginnen

Mein erster Gedichtband

Klingt gut, nicht wahr?

Wie sehen das die anderen?

Ich hasse diese Frage!

Sie spukt mir nur immer im Kopf herum

Sonst ist der Kopf leer

Allzu gerne würde ich ein gutes Gedicht dir schreiben

Hatschi!

Es fällt mir nichts ein

Zu spät heute Abend

Wenn man unbedingt will, dann kommt nichts

Gepresste Kunst

Kunst?

Wirklichkeit

Heißer Kopf, dumpfer Druck, Angst, Herzstechen, Pickel im
Gesicht, ungewaschenes Haar, Nachrichtensprecher, schlechte
Augen, rasiert ist er nicht
Ängste, Träume, Gefühle in der Hose,

Komplexe in der Hose und so
Schlucken, Mitleid, verwirrte Gedanken, Selbstanklage,
Berührungsängste
Das Sehnen nach Freunden
Gedanken an Brüste, Gedanken an Muschis, Schamgefühle,
Vertrauen auf Glück
Hoffen auf den nächsten Tag
Begonnene Arbeit, Unlust, Zweifel an den Talenten
Krankheit, keinen Spaß mehr
Innere Schlappheit, schlechtes Gewissen, Nostalgie,
das ist schön Leben im Himmel.

Menschling

Der ICHMENSCH

I= Idiot

C= Chaot

H= Hasenfuß

Dieses Gedicht ist so kurz, weil auf dem Zettel auf dem ich es

schrieb so wenig Platz war ...

G= Gut

E= Edel

D= Dumm

I= Idealistisch

C= Chaotisch

H= Hart

T= Treu

Mach dicht Menschling!

Freiheitssong

Verse über schöne Dinge

Wenn ich schreibe oder singe

Gibt es solche noch zu schwingen

Alles doch bloß kurze Freuden

Sinnestäuschung von den Leuten

Könnt ich Noten phantasieren

Würde ich Popbands dirigieren Würden Worte sich nicht reimen

Müsst ich sie zusammenleimen

Und ich weiß auch, dass ich's kann

Denn ich bin ein freier Mann, dann und wann.

Titel

Wofür gibt es für alles und jedes eine Überschrift?

Ich bin müde

Ich schau mir im TV die Welt an, wie sie sein soll

Das TV spielt eine große Rolle in meinen Gedichten

Das Wort »Gedicht« kommt mir heute Abend schwer über die

Kugelschreibermine

Ich denke ich bekomme einen Gripperückfall
Kranke Welt.

Vorbilder

Ich klammere mich an meine Ideale

Ich sitze vor den Bildern

Maßlos überschätzt

Bücherwelt, Science-Fiction, Fantasy, Philosophie, die

Lieblingsautoren

Bloß Bilder, Bilderland

Ein schönes Leben

Selbsttäuschung

Ich mach mir etwas vor

Ich kann es aber nicht nach machen.

Mathematikgedicht

Die Rechnung

S = sehr jung –

entweder oder

+ L =Modern % M

+ I = Belesen % Ä W

+ E = Fit % D E

+ B = Strebsam% C L

+ E = Folgsam% H T

+ N = ? % E

= X = Gesellschaft N

% Hass

= !

Das Ergebnis.

Notizen

Frauen, Hosen, Klamotten, Bücher, Kino,

Disco, Spiel, Futter ...

So ist das Leben

Wer schreibt das schon auf

Es kommt alles wieder.

Der 13. Weltkrieg

1

Angst vor Bürokratie

Hass auf das Konservative

Selbsthass

Liebesspiele der Vernunft

Taschendiebstahl

Verwendung aller Werte

Im Krieg der Eindrücke aus den vergangenen Kriegen:

Drei, Zehn, Feuer!

2

Funkenschlag auf die toten Städte der Zivilisation

Versunken im Schlamm der Vernunft

Liebe vor dem Kreuz

Kreuz der siechenden Menschheit im Licht des Herren Die Herren

die, die Welt regieren

Die Masse unterstützt sie durch ihre Liebe und durch ihren Hass

Wellen der Realpolitik schwappen über Gottes Werken zusammen

Welt im Krieg!

3

Gott des Friedens wo bist du?

Das Gehirn der Menschen verkörpert ihren Gott

Die Fantasie zeichnet sein Bild in den Sand des Universums

Bloß raus aus dem Horizont

Flucht ist kein Weg

Der einzige Weg ist die Flucht

Wo ist noch Trost?

Das lange Gedicht

1

Ein langes Gedicht fällt ins Gewicht

Doch ich schreibe es nicht

Weil es mir nicht einfallen will

In der Kürze liegt die Würze

Sagte irgendwer, irgendwann.

2

Tanz auf den Gedanken

Doch ich fühle Schranken

Ich gebe meine Rationalität nicht auf

Die Erziehung fällt zu stark ins Gewicht Aber
ohne sie geht es nicht

Ich kann nicht schreiben ein langes Gedicht.

3

Sehe ich Würfel im hellen Licht

Dort schimmert die graue, staubige Schicht

Wirft Schatten auf mein Gesicht

Der Bart wächst mir nicht

Ich schreibe kein langes Gedicht.

4

Was für ein Unsinn

Ich komme langsam in Fahrt

Meine größte Tat

Ich konnte heute mich nicht konzentrieren
auf mein Werk

Ich schreib bloß im Spiel den Namen eines
Zwerg

Es war wirklich so, nicht nur weil es jetzt hier
zufällig passt.

Die Namen vieler bekannter Zwerge schrieb
ich nieder in meiner Spielwelt

5

Ich baue mir ein Zelt aus Gedanken, wie
Schranken

Das hatten wir schon mal

Mir gefällt die Bücherwelt

Ein schöner Film im TV

Und ich denke an eine Frau

Träume von ihrem Gesicht

Und schreibe ein langes Gedicht

Ohne Titel

Krieg ist ein Spiel

Leben und Ziel

Tod viel zu viel

Hört ihr den Drill?

Der wenn er will

Klingt gar nicht schrill.

Steckenpferd

Das schöne Mittelalter

Ich bin ein großer Fan

Von Rittern, Schwertern, Rössern

Von Helden, Prinzen, Schlössern

Von Burgen, Bögen, Kämpfen Kanonenpulverdämpfen

und todesstarren Krämpfen.

Vorspiel

Plan, Auto, Weg, Frau

Weg, Disco, Tanz, Plan

Keine Reaktion

Kein Gegenpol

Ablenkung, Trauer, Unsicherheit

Tanz, Plan, Auto, Weg, Frau, Heim

Selbstmitleid, Gedicht.

Gedanken eines Lebenden

Warten auf den Sieg

Die Niederlage?

Ein treffendes Beispiel für unser Leben

Das Doppelleben der Menschen

Fantasie und Wirklichkeit oder vertauscht.

Hoffen auf den Sieg

Das Niederlegen des geistigen Körpers?

Das bei Spiel getroffen

Das Leben in zwei verschiedenen und doch gleichen Welten

Wirkende Zeit und Phantomszenerie

Umordnen oder?

Wer soll besiegt werden?

Klärung der Fragen

Wann, Wo, Wie???

Was für ein Spiel wird hier in Szene gesetzt?

Die doppelte Ahnung

Lauschen in die Welt.

Sprich

Wenn du gar bleibst stumm

Bist du schrecklich Dumm

Willst du aber sprechen

Wirst du dir die Zunge brechen.

Luman & Heifra

1

Es ist so schwer ein Wort zu finden Gar zu formen und
zu binden
An das spätere Wortgefäll
Während die Gedanken schwinden Träume ich von ho-
hen Linden
Weil sich hier nichts reimen will.

2

Wandle durch den Park dahin
Bin jetzt gar schon mittendrin
Folge den Spuren meiner Wünsche Sehe einen
Schilderwald
Hoffnung keimt in meiner Brust Und es steigt in mir
die Lust
Denn ich denk ich sehe sie bald.

3

Bald hier, bald dort an jedem Ort

Mein Herz vibriert vor Spannung

Ich kann mich nicht mehr konzentrieren Schieb alle

Last weit von mir fort

Und überleg schon jedes Wort

Mit dem ich bei ihr landen möchte

Ich fürchte gar sie zu verlieren.

4

Nun weiß ich nicht wie's weiter geht

Da sie nicht weiß wie's um mich steht Sie schwindet

mir, kann sie nicht sehen So darf es nicht geschehen

Die hohen Mauern sind im Weg

Ich kann nicht raus, es ist zu spät

Der fremde Wind ihr Haar durchweht Es kommt auch

hier kein Zorro an

Schissmarr

Wie kann man sich des Lebens bewusst sein?

Wenn man doch weiß, dass man tot ist?

Dichter sind allwissend

Wissen jedoch nichts wesentliches

Denn was ist Wissen anderes als Selbstbetrug

Ein Gedanke besteht aus tausend Wiederholungen

Der Tag der Erlösung wird nicht kommen

Da der Tag der Hoffnung vorbei ist

Ich hasse Ebent!

Es gibt die gelben Tage und die Nächte

Fürchte nicht was du zu fürchten hast

Siehst du einen Wolf, so liebe ihn

Tage der Gewalt lassen ihn kalt

Warum?

Ein Weg ohne Ziel kostet nicht viel

Die Straße zur Straße.

Wochenende

Woche ohne Ende
Tag für Tag das gleiche Spiel
Müdigkeit, verklingt am Ziel
Vorfreude, Hoffen auf Musik
Zu Beginn des großen Krieg.

Wo sind die Guten, wo die Schlechten
Schluss mit der Arbeit
Das ist Rechtens
Heim, die Fahrt in den häuslichen Frieden
Krieg der Seele
Zögern, Unentschlossenheit, treibt die Angst
Zu weit
Für den Krieg ist ja noch Zeit.

Hoffen auf Musik
Kurze Freuden ohne Schick
Enttäuschung ohne Ende
Verrückte Freunde
Einsamkeit vorbei
Montag wieder frei.

Kalte Tränen

1

Kalte Tränen aus den Wolken

Triefendes Balkongestell

Karomuster vor dem Fenster

Unerschöpfter Wasserquell

Tropfen gleiten ihre Bahnen

Pfützen wabernd zirkulieren

Helle Blitze jeden mahnen

Donnerschläge sie parieren.

2

Hagelkörner unerschöpflich

Dringen durch des Daches Wand

Da fällt noch ein kleines Tröpfchen

Das den Weg zur Pfütze fand

Taucht nun unter in den Fluten

Aufgelöst und unerkannt

Dunkle Schatten, tiefes Grollen überziehen das ganze Land.

3

Eisigkalte Nebelschleier Straßenspiegel, Frost im Klee
Kleiderberge unaufhaltsam

Tapsen zitternd durch den Schnee Allen tut die Kälte weh
Wasserplatschen, tiefes Stöhnen Kommt das nicht vom gro-
ßen See? Jemand sich ein Bad wird gönnen Und ich trinke
meinen Tee.

Vertraute Pfade

1

Wald der großen schlanken Bäume
Wald der kühlen tiefen Seen
Wald der Farne, Kräuter, Büsche, Pilze, Beeren, Nüsse
Wald der Schatten, Lichtreflexe
Wald der Quellen, Flüsse, Bäche
Wald der Täler, Hügel, Schluchten
Berge, Wiesen, stillen Buchten
Wald der Blumen und Gedichte
Wald des Schrat
Wald von meinem Pfad.

2

Wald der Träumer und Phantasten
Wald der Felsen, Hölzer, Blätter
Wald der Wälle, Steine, Äcker
Wald des immer guten Wetter
Wald der Pflanzen, Tiere, Monster
Wald der Feen, Hexen, Elfen
Wald der Wichtel, Zwerge, Gnome
Wald der Höhlen, Äste, Gräben
Wald der Brunnen und der Teiche
Wald des Waldes Wächter
Wald des Lichtes Töchter
Wald in dessen Mitte, einsam steht meine Hütte.

Macker

Ich habe da irgendwie das Bedürfnis mir alles von der Seele zu
reden und zu schreiben.
Ich will alles in Worte fassen
Was ich sonst nicht fassen kann
Was mir gerade so einfällt
Ich lausche dem Fernseher, der Musik, den Worten und schrei-
be die umgesetzten Gedanken
Das 5. Kapitel meines Buches ist fertig
Ich klammere mich daran
Alles andere geht schief
Ich bin eigentlich völlig fertig
Tausend Probleme stürzen auf mich herab
Ich vergehe selbst mit Leid.
Ich weiß es und finde es richtig so
Nein, ich hasse dieses Ich
Ich hasse mich
Ich liebe meinen Körper
Ich liebe meinen Geist
Ich hasse den Schüler
Ich hasse den Spieler
Ich hasse den Kollegen
Ich hasse den Mann
Ich hasse den Sohn
Ich hasse den Typ
Ich hasse meinen Namen
Die Welt mag mich nicht
Ich mag die Welt nicht
Aber ich bin stolz auf den Schreiber …

Ich will es

Ein unerkanntes Gedicht ist wie ein noch nicht gesendetes
Fernsehprogramm

Doch vor den Fernseher setzen sie sich trotzdem

Was kann ein Dichter, der noch keiner ist tun um einer zu
werden?

Wie kann er die Aufmerksamkeit auf sich lenken?

Worüber soll er schreiben?

Was ist ein aktueller Dichter?

Wo ist der Weg zum Erfolg?

Was soll man auf den Buchumschlag schreiben,

damit die Leute stehen bleiben?

Wen soll man fragen?
Studieren geht über Probieren
Oder war das umgekehrt?
Dort steht die Adresse
Doch ich zögere noch
Man hat schon so viel darüber gehört
Wie geht es nun weiter, so helft mir doch
Unausgestandene Ängste vor der Enttäuschung
Help me!
In der nächsten Abhandlung
Your Ich.

Lyrik 1987

Singsang Live

1

Lange nicht mehr hab geschrieben

Alte Leute hören nur noch zu

Hat ihr Elend mich getrieben?

Ist die Zeit gekommen?

Macht sie mich beinah zu hastig steif

Hab noch nichts gewonnen

Sehe im Spiegel meinen Zorn doch immer live.

2

Moderne Worte trüben oft das Goethebild in mir

Wechsle häufig Themen, Orte

Dichte doch aus Sehnsucht nur nach dir

Oh du unbekannte Schöne

Oh du allerliebster Traum

Wie gern ich mich, an dein verschwommenes Bild gewöhne

Vermisse dich in meiner Blindheit kaum.

3

Viel zu stolz auf leere Zeilen

Viel zu faul

Und doch vor Strenge schreck zurück

Will nicht enttäuschen

Fühle mich doch in hoher Freiheit Im Kampf zum Guten mit
Gewalt Zur Nichtgewalt gezwungen

Hüte locker, beinah lässig

Widerstrebende Gefühle

Für ein unverdientes Glück.

Im Wald

1

Hohe Büsche, stolze Bäume
Folgen mir auf Schritt und Tritt
Sind wie Kläger vor Gericht
Glauben mir die Blindheit nicht
Laufen hastig, laufen schnell
Stumme Rächer, Schuldbewusstsein
Friedlicher Appell.

2

Unser Wald wird merklich lichter
Baum um Baum verreckt
Wegenetz wird immer dichter
Und maßlos verdreckt
Ahnungslos und ohne Ohren
Durchleben wir den Tag

Hoffen noch, sind doch verloren
Auch wenn's keiner glauben mag.

3

Lautes Schweigen wirkt bedrohlich
Tote Äste, Rindenreste

Mahnend ruft vom Berg herab

Kahler König unaufhörlich:

»Stellt doch die Maschinen ab!«

**Letzter Eindruck (
Zug 3)**

Graue Dühnenpfade zeichnen sich am Himmel hell

Wolken, Dämpfe, verstecken Mauern

Noch viel grauer, aktuell

Fahr vorbei im Zug so schnell

Sehe doch das rote Glühen

Glitzerleuchten überall

Kann doch diesen Duft verspüren

Höre monotonen Schall

Tote Höfe, alte Häuser

Eisenstangen, Rostbefall

Sehe sie hetzen, sehe sie laufen

Alle warten auf den Knall

Kabeltürme, hohe Greifer

Über Feldern, Äcker stehen

Rieche Morgen, sehe Krähen

Sich stolz vor ihren Scheuchen drehen Letzte
Lampen leuchten eifrig Unverdrieslich vor sich hin

Hoffe gespannt, nervös

Üb fleißig, bin schon in der Maske drin Ist schon
nicht mehr eine Qual

Wenn nicht jetzt, das nächste Mal Wird's wohl sein
das letzte Mal.

Die Brücke über

1

Mitten auf der Brücke
Stehe ich und bücke mich
Und finde nicht
Was eigentlich
Wesentlich.

2

Brücke führt zum Doppelziel
Entscheidung fällt mir furchtbar schwer
Streng mich an
Und bleibe doch für immer leer.

3

Brückenträger
Sehr stabil
Dick und fest
Vogelnest
Bautenrest
Gibt Richtung an
Wer sucht der kann
Sich gnadenlos verirren
Und alle anderen verwirren.

Und sonst

Harte Worte werden vernommen

Zielprofile zerschmelzen und kommen

Dummes Schweigen

Hilft nicht viel

Unvorsicht schon bald benommen

Gedankenspiel klingt nach viel.

Was sag ich?

1

Es ist nicht zu glauben
Extrem schwarzer Groll
Völlig verdorben
Von Kindheit an toll.

2

Sie ist nie zu retten
Unfassbar verdreht
Auf Bildern und Decken
Vergöttert bis spät.

3

Hält nichts gar von Bildung
Erziehung verpasst
Trägt nichts bei zur Milderung
Ihr völlig verhasst.

4

Wird niemals das Gute, gut nennen
Als richtig nur Schwarz akzeptieren
Die Namen will sie nicht hören
Denn auf Wahrheit glaubt sie zu schwören
Was wir als Lüge erkannt.

Im Zug 4

Halt

Ort

Fahrt

Halt

Ort

Fahrt geht weiter

Trittbrett zum Zug nach?

Ihm

Unbesetzt für lange Zeit

Schaffner nicht weit.

Aber was sollen wir tun?

Objektiv ist niemals niemand
Jeder kennt den Vaterspruch
Ist man jedoch unverdrossen
Ständig immer zugeschlossen
Führt das dann zum Vaterbruch
Wer nun das nicht will
Der schweigt schüchtern still
Tritt nur noch dann auf vor gemalter Stelle
Und man vergisst ihn in der Schnell.

Große Reden, wahre Dichtung
Nützten meist nicht viel
Wo der Vorteil all der Schwarzen
Deutlich ist ihr wahres Ziel
Unvernunft ist ja Vernunft
Wenn man es sieht aus ihrer Sicht
Denn sie bedenken, bei ihren Plänen
Die sie eifrig schmieden
Schließlich all die Kleinen nicht.

Wer als Opfer sich betrachtet
Unbewusst und überzogen
Für ihr Werk sich selbst nicht schlachtet
Sie nicht bestärkt in ihrem Drill
Bringt die Trotzkarte ins Spiel
Und sie gegen eigenes Profil
Immer näher ihrem heiß ersehntem Ziel
Ob man möchte oder will
Wie man's macht so geht es schief
Und so wird man und so bleibt man
subjektiv.

Erster Eindruck

Erster Eindruck

Große Panik

Angst noch vor dem Selbstgefühl

Blickkontakt

Knallhart doch spanisch

Mauer vor der Wirklichkeit

Freundlichkeit

Schier undurchschaubar

Kritik löst eigene Sperre aus

Was kommt für mich dabei heraus?

Zitterhände

Eindruck schinden

Lüge, Lüge überall

Dumpfes Dröhnen

Hoher Schall

Angst und Hoffnung

Drauf und dran

Werfen fast mich aus der Bahn.

Zurückfinden

a

Traumschloss eingebrochen
Der Zweifel nagt fatal
Doch wehre mich unverdrossen
Vor jenem großen Knall.
b
Nimm nicht alles so ernst
Seh nicht überall
Das Böse und das Gute
Sieh zu, dass du noch lernst.

Sportliches

1

Ping, Pong und Schuss
Ein Hochgefühl
Im Freudentaumel wanken
Was sonst so still und beinah kühl
Durchbricht nun seine Schranken.

2

Der Mannschaftsgeist
Durchströmt uns stark
Was manchmal leider fehlen mag
Auge in Auge
Unverdrossen wir der Gegner abgeschossen.

3

Ist es Kampf?
Ist es Krampf?
Ist es Spiel?
Wir wanken schon mal und wir siegen doch
Es zählt für andere meist nicht viel
Und ist für uns doch höchstes Ziel.

In der Ecke

Warte auf Gedanken

Durchforsche Vater-, Mutterlabyrinth

Fühle graue Bücherrücken

Sehe da im Spiegel noch ein Kind

Denke ungern noch an meine Grenzen

Glaube das ich keine find

Spotte über selbst wie immer

Hoffe noch auf diesen Schimmer

Vermute Licht in einer Ecke

Bewege mich stets darauf zu

Muss doch jetzt der nächste sein

Bin nicht schneller auf der Treppe

Wie die kleine Weinbergschnecke.

Kalte Wut

1

Letzter Morgen

Unerschöpflich nebelig

Finde nie die Ecke drum

Seh sie sitzen, sich ergötzen

Gott was sind sie furchtbar dumm

Hören nicht zu und sitzen da bloß rum.

2

Kalte Wut

Will mich ergreifen

Lausche, lausche dann und wann

Selbstgefühle

Niemals reifen

Wenn ich mich von ihnen nicht befreien

kann.

3

Neue Lampe

Weihnachtstage

War so stumm und weine drum

Totes Schweigen für die Lieben

Hilft mein Schreiben ihrem Siegen?

Tu sie noch im Glauben wiegen

Sind so stolz mich noch zu kriegen.

4

Hilfe

Mann

Frau

Ich muss hier raus!

Sonst gehen mir die Lichter aus.

Lied des Lebens

1

Unverblümte Lebensfreude Spaß und Liebe überall
Schau nur wie er grinsen kann Hör mir zu
Nur für Minuten
Lauf nicht weg
Hab Freude dran
Spiel mit Masken
Zuckerbroten
Bin für dich der starke Mann.

2

Taschentücher winken eifrig
In der Spitze brennt das Licht
Politik bleibt unbegreiflich
Darum machen wir sie nicht
Bäume sterben
Flüsse trocknen regelmäßig aus
Lachen munter, tanzen fröhlich
Finden immer wieder einen Weg hinaus.

3

Im trocknen Wald da blasen Hörner
Alles Eis kehrt zum Teich zurück
Gestorbene Spatzen singen nicht mehr
Sammeln Körner uns zum Glück
Und es bleibt am Ende nur ein kleines Stück
Unverhofft im frohen Schmettern
Sehen wir nur ein schwaches Licht
Denn der Engel würde gerne
Aber glaubt uns wieder nicht.

4

Wir sitzen hier im festen Stuhl der Träume
Die Weisheit unsrer Väter ungläubig verraucht
Unsre Freude, unser Jubel wird gebraucht
Fällt doch nicht mehr ins Gewicht
Sogar reimen tun wir dämlich
Stehe vor dem Spiegel, hör mir zu und sag es mir ins
Gesicht
Tröste mich mit jenen Worten
Bleibt beschämend aber dafür ist es schlicht.

Parkzeit

1

Lange suchen
Autogefühle unerkannt
Strömt der Regen übers Land
Fahre schnell und halte trotzdem deine Hand.

2

Endlich eine Lücke im Gefühl
Einmal blinken schnell
Weiße Wolken am Himmel Hell bis grell
Rieche dein Haar und streiche deine Wange
Parke ein
Übersehe beinah rechts die fremde Fahnenstange.

3

Springe auf und ab
Steig der Bürger Bieder
Schauen nie herab
Weihnachtszeit bricht ab
Silvester folgt im Trab
Erschreckt die Tiere
Schießt sie nieder
Betrachte deine hübschen Augen
Möchte dir so alles glauben
Reifen quietschen
Greller Ton über meine Reaktion.

4

Bunte Bündel laufen hastig Scheibenwischer taugen
nichts
Fall mir selber dann zur Last
Streiche dein Bein und bin nur Gast Käufer, Renner,
was ihr wollt
Wenn der Rubel doch nur rollt Kindlich, einfach, kö-
niglich
Glaub mir doch ich liebe dich.

5

Setz zurück und komm nie wieder Rote Lichter seht ihr
nur
Immer dichter hält der Schwur
Setz dich ab am nassen Rand
Du bleibst zurück in deinem Land Sprüht es doch an
jede Wand Parkuhr Ende, sie nicht fand
Neue Frauen braucht das Land.n Augen

Staatsparade

1

Glaube der Nation
Lächerlicher Hohn
Nicht in diesem Ton
Drüben steht der Thron.

2

Munter mit Musik
Feiern sie den Sieg
Während ich hier lieg Ist
da draußen Krieg.

3

Schwingt die Donnerreden
Hört den Klängen zu
Lasst die Würmer leben Denn
sie mehren sich im nu.

4

Muss sich alles reimen?
Klingt es dann erst gut?
Hört doch auf zu träumen
Glaubt an eure Wut.

5

Strophen vieler Lieder
Habt ihr schon gehört
Singt auch das noch nieder
Was die Waffen nicht zer-
stört.

6

Staatsparaden schleichen
Zerschmettern euren Stolz
Auch ihr seid für sie Leichen
Auf ihrem Brett aus Holz.

7

Lasst mich das jetzt noch sa-
gen Auch wenn noch vieles
fehlt
Ihr müsst es wohl ertragen
Was lebenslang euch quält.

8

Noch hört ihr die Fanfaren
Verzerrte Hymnen singen
Bald schon lasst die Tataren
Euch neue Freiheit bringen.

Wie denn?

1

Sheriff der braven Bürger
Retter des Gesetzes
Ihr Gesetzeswürger
Seit Gefangene des stählernen Netzes.

2

Doch kommt einer mit der großen Schere
Bringt den Mut dazu
Greift er nicht ins Leere
Sondern jeder hält ihm plötzlich zu
Lässt ihn liebend gern in Ruh.

3

Endlich hat der Böse mal gewonnen
Fällt das Gitter vor dem Tore zu
Endlich kann er sich im Glanze sonnen
Steckt ihn niemand in die Wanderschuh.

4

Sagt der Bürger einmal so
Hört die Quelle auf zu sprießen
Jeder Fluss hört auf zu fließen
Sagt der Bürger wieder so.

5

Aber wie denn soll's gedeihen
Wenn ihr sie im Unklaren lasst
Sie werden doch nur dann erst schreien
Wenn die Chance schon längst verpasst.

6

Vater lass die Kinder wachsen
Zwäng sie nicht in dein Kostüm
Und sie turnen, machen Faxen
Denn sie sind noch ungestüm.

7

Steht der Wächter vor dem Tor
Wird auch nichts das offene Gitter nüt- zen
Kommt kein Funke Hoffnung daraus her-
vor
Denn die Kinder werden niemals ihre
Eltern stützen

Zeitbumm

Noch auf weit entfernten Gleisen

Hört man ihr erklungenes Horn

Auch bei wunderbarsten Reisen

Packt dich einmal mal der Zorn.

Lauscht den Bombern

Wie sie kreisen

Seit ihr auch genug in Form?

Für das letzte Sturmsignal

Und den allerletzten Knall.

Ja?

Dann könnt ihr auf die Anderen scheißen.

Party

Fete

Party

Fest

Silvester

Muss alles wirklich sein?

Viele Leute

Rauch

Viel trinken

Spielen, tanzen, lachen

Nein!

Viel zu fressen

Tränen

Sorgen

Eulenspiegel

Freundschaft

Allein.

Und es begann alles so wunder...

Wunder

Wunderlich, traumhaft schön

Wiedersehen, Zahlenfigur, Luftschlangenwetter

Oben auf dem Turm

Er stürzt im Zorn

Hart, laut, Chips

Graue Hosen, Matratzen

Warme Jacke, Wasser

Musik very loud

Warten auf das Glück

Warte komm zurück!

Noten Punk go

Drum aber so

1986/87 oder nicht?

Ankes Herkunft

Langjährige Suche eines anderen

Endlich gefunden.

Ich lebe noch

ABER

Einstein Song

Love me

Let's dance

You need of.

Aber wie denn?

Spiel auf Verdacht

In Glitzersternnacht

Aber nicht mehr erwacht

In dieser Schlacht

Wunderbar.

Wie es begann

Verklingt der Gesang Wunderwasser,
Zauberturm

Letzter Weg im Endloszorn

Wunder wann?

Tali, Talu, mein Herr …

1

Musik der Meister bringt ungeheuren Drang

Zum Erfolg der grandiosen Höhen

Schöne Mädchen, viel zu jung der selbst

Glitzerschmuck im Blick der Welt

Es blitzen die weißen Zähne

Mit den Worten des Erfolgs

Kräfte im Duell.

2

Und unser Gott gibt mir die Kraft

Zu tun, was immer er von mir erwartet

Herr vergib ihnen und mir

Obwohl wir wissen was wir tun

Lass mir meinen falschen Stolz

Und Herr erhalte mir meine Angst

Denn dein ist der Schmerz dieser Welt in Ewigkeit.

3

Die Geschichte des armen Studenten
Sprachproblemeduo wenn diese Show zu Ende ist
Verlasse ich die Stadt

Lass den Bart mir wachsen

Die Brille rutscht perfekt

Sie sollen selbst abkratzen

Was sie auch selbst verdreckt.

4

Musiken der Straße von Amerika

Jenkee-Dudel für die Ohren der Welt Schwarz-weiß
im Spiel

Liebe für die Schönheit

Notenshows, geschichtsträchtige Zünfte

Stolz erstickt im letzten Wort

Im Alter-Jugend-Kontrast

Hassen? Warum?

Es fehlt das Gespräch

Ende der Rhapsodie

Tali, Talu, mein Herr …

Mitternacht in Sicht

Mitternacht in Sicht
Fehlen der Nation
Warum?
Aber nie
Aber wie?
Sowie.

Aber wieso denn nicht?
Warten auf das nächst wunderschöne Gedicht
Warte nicht
Lausche nicht
Ihr starrer Blick
Findet magisch zurück
Rote Renner
Immer schneller
Holz im Keller
Wetterberge
Gartenzwerge.

Rembrandt
Tote Ritter
Fußballrecken
Popgewitter
Pandemike, viel Musik im Taschenkrieg
Hör die Trommel
Sitze stumm
In den Ecken nur herum
Bin ich dumm?
Meer der Küsse
Sympathie wie noch nie
Hochgenüsse
Cowboystiefel
Aschenbecher
Phrasendrescher
Hohngelächter
Etikettenwächter
Stehen an der Bar und trinken
Werfen die fesselnden Blicke
Und hoffen auf erlösendes Winken.

Irgendeiner sagte mal
Die einzige Alternative zum Schreiben ist der Selbstmord
Ich sage, der Tod ist die Braut des Dichters.

Manchmal, manchmal, manchmal grau
Und öfters blau
Taschenspiegel
Grau zurück im ganzen Stück
Aber nie wieder Bericht an Weib.

Wunderknabe
Hohe Tage, Graumusik
Nachtträumer
Aber wieso nicht?
Träumen ist ihre gottverdammte Pflicht.

Ohren frei
Echte Sauerei
Dummerei einerlei
Sie schlafen in Grau
Durch die Schatten der lebenden Frau
Sehr schlau.

Manchmal mit, manchmal nit
Ansonsten aber fit
Kahle Eulen fliegen
Wenden und finden
Triften zurück.
Wundergabe
Schlechter Tag
Wundersame Nachmusik
War alles schon mal da
Und wird nie wieder kommen so wie jetzt. Sie wusste
nichts von ihm
Und hat er es auch nie gesagt
Sie taten und sie wussten doch ihr Spiel
Er wusste nix und schrieb so viel.

Zu sentimental

Trostlos

Blondes Haar

Sieg im nu

Proste dir zu

Und bin allein zuweilen

Einsiedlertrip wozu?

Tanz der Bräute

Amüsiert die Leute

Turmspatzen pfeifen

Ihr trauriges Lied

Von Dächern die es nicht mehr gibt.

Kaugummisong

Waren an der Theke

Spielen, warm lieben

Warm durch und durch

Da erschallt ihr Gong.

Kalte Füße

Mir ist kalt im Hüttenwald

Liebe sie hier und liebe sie bald
Hoffe beklommen

Und hoffe verschwommen
Bestell ihr schöne Grüße.

Frauen fürchtet euch ...
Denkt auch einer an die Frauen?
Mir fehlen die Worte jedes Mal
Vorhin hatte ich sie im Geiste noch klar vor mir
Das schreiende Unrecht der Männerherrschaft

Alles sträubt sich in mir!

Frauen sterben am Tod ihrer Männer

Männer leben nur durch ihrer Frauen

Frauen sind Hass und Lust zugleich

Männer leben im Frust reich.

Frauen glauben an Teufel und Götter und andere Retter ...

Männer vergessen ihre Vernunft.

Wenn sich zwischen ihren Beinen der wahre Mann

meldet.

Frauen sind Sklaven wie Herren

Ihre Legion die steht.

Frauen können alles erreichen,

fast alles in dieser Welt,

was vom Bett aus geht.

Für Männer ist es dann zu spät.

Frauen sind immer bereit zum Kampf gegen das eigene

Geschlecht.

Auch Frauen sind eifersüchtig, habgierig, neidisch,

zornig und stolz

Doch Männer brauchen Frauen ...und umgekehrt,

wie ungerecht.

Das lieblichste Geschöpf auf der Welt!

Sähet doch oft Zwietracht und zerstört Freundschaft

Verlustangst des Ankonditionierten

Frauen wehrt euch!

Liebessinnen

Liebe ist, das Glück zu wissen

Dass man alles richtig macht

Jeder liebt den dem er wirklich begegnet

Wer niemals die Chance hat sich zu begegnen

Wird sich niemals ineinander verlieben

Liebe ist der Hunger

Die Schönheit

Ist Geilheit

Ist Sex

»Wir lieben uns« ist eine ungeheuerliche Lüge

Und doch die reinste Wahrheit

Im Fluchtraum des Systems

Sie sagen nichts?

Warum auch.

Ruhe

Niemals im Krieg

Niemals zum Sieg

Niemals vernommen das Friedensgeläut

Sehr blas im Film

Zehn Uhr zu viel

Zeitfalle.

Liebe Lucy

Ich weiß nicht wer du bist

Ich finde es aber unheimlich toll was tu machst

Ich weiß nicht ob du jung bist oder alt

Ich habe keine Ahnung ob du schön bist oder hässlich

Trotzdem bist du für mich wie die aufgehende Sonne

Deine Schönheit ist für mich unzweifelhaft die Größte

Scheiße…

Hör zu!

Ich möchte das du meine Gedichte liest

Obwohl ich nichIrgendwie bin ich fertig

Ich will nicht all den Scheiß erzählen Was erwartest du
von mir?

Nicht böse sein.t weiß wieso ich das eigentlich möchte

Fieber

Videoshop
Fieber
Sex auf dem Teppich
Leidenschaft
Alptraum
Am offenen Fenster
Lichter, Gesichter, Dichter
Vor einer Stunde noch im Loch
Wonach schon immer gesucht
Uhr
Flimmerkiste
Angst, Hass
Hase
Flechte
Schlecht war Ihm
Na und.

Wahlgedanken

Ein Sieg und doch verloren

Vier weitere graue Jahre

Revolverkugel nah

Es wird sich nun erweisen

Wozu sie wirklich fähig

Bald sieht wohl jeder klar

Das fette dumme Grinsen

Aus tiefster Seele kommt

Erweckt verschüchtertes Winseln

Verschafft Mehrheiten prompt

Noch nie haben sie verloren

Es wird auch niemals sein

Sonst greift die Wehrmacht ein

Es ist nicht mehr zu kommentieren.

Reue

Den Kampf verloren
Die eigenen Worte der Tafel
Gaben mir den absoluten Rest
Mein Leben verändert
Der bewusste Laden
Hilfe gegen Komplexe

Die ungezähmte Wut der verlorenen Augenblicke Schock!

Bekannter in Sicht
Nachts um Zwölf kommt die Reue
Immer dasselbe von der Klotze
Vertuschte Liebe
Falsches Spiel
Vorgaukelei einer Traumwelt.

Flucht vor dem Frauenbild
Freundin oder nicht
Harte Worte vor dem Spiegel
Feigheit gewohnt.

Die Augen fallen mir zu
Erst die furchtbare Lust
Dann die heuchlerische Reue
Bis zur nächsten Lust.
Bin nicht mehr zu befreien
Teufelskreis der Komplexe
Alles sträubt sich in mir gegen ein Geständnis.
Dauernde Selbstanschuldigungen
Liebe zu den Gedanken
Angst vor der Einsamkeit
Druck der leblosen Seele
Kampf um den Zwiespalt
Alptraum des Tages
Liebesträume der Nacht
Niemals aufgewacht
Das wäre wunderschön
Im Schlaf der Realität verdreht.

Und die Liebe fliegt herum

Zahnradbahn mit schwerem Gang

Keiner zieht die Bremse an

Und sie spüren das Gefühl

Glauben, hoffen auf ihr Ziel

Und sie wissen es ist kein Spiel mehr

Ganz dicht beisammen.

Und die Liebe, Liebe fliegt herum

Und niemand, niemand kümmert sich darum

Und die Triebe, Triebe schweigen stumm

Ich sehe dich dort stehen

Und muss doch weiter gehen.

Mmmm, mmm, mmm, mmm

Da, da, da, da, da, da, da, da!

Und die Liebe, Liebe fliegt herum

Stehe rum, warte auf die Blumen

Höre Summ, warte auf die Bienen

Warte stumm.

Unfall
Fahre da hin
Auto neben Autos
Ampel auf Rot
Schönes Gesicht im Wagen nebenan
Gelb, Grün
Bremse los, Kupplung, Gas
Scharf links
Zu scharf
Plötzlich die Insel
Lenkrad herum
Erster Schlag
Rase auf den Bordstein zu
Panik, lenken
Zweiter Schlag
Lenken
Alles vorbei.

Waldfahrt

1

An der Ecke steht ein Schild
Vorsicht ungezähmtes Wild
Und er hängt am Steuerrad
Folgt mit 50 diesem Pfad

2

Achtung Sperre
Jetzt kommt Wald
Achtung Regen
Es wird kalt
Achtung Hoffnung
Keine Kurve
Nirgends Schilder mehr zu sehen.

3

Und die Blätter winken traurig
Keine Rinde, alles kahl
Fahre Rallye, fahre Stil
Auf dem Weg quietscht das Profil.

4

Dort ein Rehbock vor dem Kühler
Dort ein Hase im Gebüsch
Und im Auto wird es schwüler
Scheibenwischer wischen eifrig
Lassen rote Streifen doch zurück.

5

Überall steht Tempo 100
Aber die Schnecke kommt da
nicht mit
Muss verschnaufen
Schaut noch verwundert
Als ein Igel panisch flüchtet und
sie dabei zertritt.

6

Dumpfes Röhren der Motoren
Überschallt das Elchgeschrei
Nirgendwo hören meine Ohren
Was von Vogelmeisterei.

7

Tiefe Spuren
Giftgaswolken, alles heute ohne
Blei
Ist ohnehin alles verloren
Also bleibt doch ruhig dabei.

Wandel

1

Immer hört den Gesang
Dauernd lauscht ihr dem Klang
Er am Kreuz starb allein nicht umsonst
Sieh die Narben im Gesicht
Glaube fest, höre sein Licht
Unaufhaltsam ist das Kindergeschrei
Niemals wartet, gebt uns die Kraft
Ballt zur Faust, muss doch gut, gut nur sein
Seht den Bart ist er lang?
Singt sein Lied, hört Gesang.

2

Wenn auch Tausende Sünde begehen
Lauft zu Fuß und im Regen
Tragt das Kreuz ihr werdet schweben
Ist in jedem er drin
Wird auch jedem vergeben.

3

Und sie tragen die Kleider
Sein Männer und Weiber
Jener heilig, der andere vom Teufel geweiht
Auf sie fällt jemals Schatten
Die gekreuzigten Latten
Wasserkelch und ein Stück jenes Brotes für
uns.

4

Immer wird man es riechen
Keiner kann sich verkriechen
Wenn der Löffel des Lebens ihn fängt
Hoch im Alter, auch in der Jugend
Spielt die Musik seiner Tugend
Immer hört den Gesang
Lauscht auf Dauer dem Klang.

Glückspfennig

1

Auf der Straße zum Glück
Liegt ein grünes Eichenblatt
Auf den Stufen zur Stadt
Hockt ein kleiner Junge.

2

Er schlendert durch die vollen Gassen
Er schaut in die Cafés
Er sieht die vielen bunten Laffen
Sich lachend redend drehen.

3

Holdizium, Träumer, Wanderlein!
Die Welt bricht unter deinen Füßen ein
Die Silberberge neigen sich
Hinab zum kleinen Taugenichts
Und stürzen auf ihn ein.

4

Der Pfennig rollt
Ganz unaufhaltsam weit
Lauf Träumer, lauf ...
Es bleibt dir keine Zeit
Der Pfennig rollt dir sonst davon Der
Gully steht in Bonn.

Brief

Abgeschickt!

Warten

Warten

Warten

Warten

Warten

Warten…?

Und des Sohnes …

1

Namen sind geschrieben
Nie verloren für die Stimme
Die man Presse oder Welt
An diesem Heute Abend nennt.

2

Herr gib mir die Kraft
Die Schatten zu besiegen
Herr ich werde niemals so sein
Wie nur du es kennst.

3

Herr steh vor deinem Sohn
im Tal
Herr nimm mir die Angst
der Ängste
Die Mach gehört nicht dir allein
Doch soll ich tragen meine Qual?

4

Aus dem Rollladen am Fenster
Blinkt ein Spiegelbild der falschen Lichter
Lampen, Fahnen und Gesichter
Unser Weg wird stets begrenzter.

5

Alles schläft in der friedlichen Nacht
Während die Welt verreckt
Sie schliefen und schliefen
Sind nicht mehr erwacht
Und lagen ganz plötzlich im Saal.

6

Die haut ist weiß wie Käse
Sie leben in dunklen Tonnen versteckt
Das Rauschen kommt vom Gebläse
Das sie für immer von anderen trennt.

7

Die Tinte verblasst in der Feder
Der Bote auf einmal den Weg nicht mehr
sieht Was sollen wir noch?
End oder weder?
Wenn der Sohn vor dem eigenen Vater
entflieht.

Zweiundzwanzigster Tag

Tag der göttlichen Reime

Tag des Portals

Erster Tag ohne Portemonnaie

Tag des Helden

Tag der wunderbaren Bilder

Tag der Lüste

Barfuß, im Gedanken schon ein Hölderlin

Tag der Ideen, Keime, Spermafluss und Energien

Tag der ausgesprochenen Ideale

Tag des Nichtstuns

Schlechter Tag.

Im Bettchen

Orangendecke

Kurzer Bleistift

Gefühl der Liebe

Kurze Fingernägel

Helles Licht im Dunkelzimmer

Ich hoffe auf dich

Blauweißschimmer

Braune Blumen auf immergrünem Grund

Lasterecke bei dir im Bette.

Restgedudel

Junger Mann will was erleben

Junger Mann hört sein Herz schlagen

Alter Mann fürchtet Begräbnis

Alter man hört sein Herz beinah versagen

Alter Mann wird's noch mal wagen.

Kalenderblatt

Sag mir ob du mich lieb hast
Sprich nicht
Nein, schweig dich aus
Denk mir ob du mich lieb hast
Schweig dicht
Ja, brich hin raus.

In der Mauer ist die Lücke
Aber wieso?
OSIW REBA, lalalalalalalalalala…
dradradradradradra…
Bumm!Bumm!Bumm!
Ende, Berlin 750.
Bonn na und?
West, Ost, Scheißegal
Was kümmert es sie
Schicken einen Minister
Mit einem Blumenstrauß
Blut der Brüder
Drüben gucken rüber
Helfen nicht im Bruderkrieg.

Mond

Sehe den Mond und all die Sterne

LUNA FORTUM JULIÄ

Auch durch Meter dicken Stein

Liegt er noch in weiter Ferne

Wirkt er heute noch so klein

Möchte trotzdem doch so gerne

In seiner kühlen Nähe sein.

Auf Sendung

1

Es fliegen munter

Sexy gar

Die Worte unbeschwerlich hin

Doch dem fehlt

Wird immer bleiben fort und dann

Beschwingt und steif

Niemals labil

Bleibt stehen der stolze Bart.

2

Wenn wir verlernen die Faust zu ballen

Wird die Menschheit aussterben

Wenn wir vergessen dem Vogel nachzuschauen

Wird sein Flug verderben

Wenn wir den eigenen Füßen nicht mehr trauen

Werden unsere Kinder niemals mehr Beine erben.

3

Der Bach fließt munter

drum herum

Im Wasser sind die Fischlein

Die Worte wiegen furchtbar schwer

Doch dem war…

Wird niemals bleiben dort und jetzt

Das Leben froh stagniert Immer stabil

Muss gehen per Apparat.

Portemonnaies

Mal ohne Geld auf Welt

Wie peinlich

Großer Schreck!

Mir ist's egal, so mal, oh ja JUHU!!!

Mein Innerstes setzt sich zur Wehr

Scheiße Protest

Hilfe im Ruf dem Rest

Angewiesen sein auf es noch wohl

Das Wunder keiner schuf

Auf geht's zum Pol.

Buntstein

1

Große Gefühle Politik

Große Schwüle Ungeschick

Die Such nach dem erwünschten Glück

Führt unmittelbar zum Traum zurück

Wer ist denn da noch nicht verrückt?

2

Der kunterbunte Stein ist für die Welt zu klein

Hört ihr die hellen Glocken

All die Tauben zu sich locken

Ein Gedicht für die kalte Träne dieser Liebe

Völlig aufgelöst im Kampf der Triebe

Kommt und geht im zauberhaften Klang der Musik.

3

Die Straße mit den schönen Bäumen

Die Bahn darf Sterne nicht versäumen

Das hübsche Land das keiner kennt

The End.

4

Die welken Blumen blühen nie

Der Regen fällt nicht wann er will Das Buch bleibt
aufgeschlagen Große Gefühle sind stabil

Das Ende wird ertragen.

5

Die Glocke läutet unentwegt

Der Stein verliert die Farben

Die Tauben kennen diesen Trick Und folgen doch
mit viel Geschick Dem vollgeladenen Wagen.

Uzopuluß

Liebestiefe

Seelegott

Gebetswahnsinn

Kaugummitod

Tiefe Liebe

Gott der Triebe

Sinn für die Not

Alles im Lot

Für dich zum Gruß

Uzopuluß

Damit ich dich nicht sehen muss.

Frühlingsneue

1

Möchte sein ein Träumerlein
Möchte lieben immerzu nur du
Steigere mich hinein in diese Welt
Ist alles gar und wahr
Wird, soll alles, alles wunderbar.

2

Bin entrückt, beinah verzückt
Hab mich für sie noch nie
So herrlich tief gebückt
Hab Gutes nicht von Schlecht gesiebt
Und seh's doch klar
Ich bin verliebt.

3

Möchte sein dein Sonnenschein
Warte hier, wo magst du sein?
Steh zwischen den Gartenpfosten
Holz verkohlt und Nägel rosten
Bist wunderherrlich anzuschauen
Seh deinen Schatten, im Glanz dein Haar
Träumend an den Nägeln kauen.

4

Möchte so gern dein

Männlein sein

Bin ein, zwar so furchtbar ledig Bleib
doch ein Mann

Wird niemals werden dann Dort wächst
das Gras

Sprießt hier auf Erden dar

Blüht alles, alles frühlingsnah.

Märchen 1

Bauerndemo BRD

Bonner Gesetze auf Beschluss

Zuhören verweigert führt zum Schuss

Sperrzonen tun uns leid

Droben auf dem hohen Gipfel

Seht ihr den Schnee der EG.

Hier stinkt's

Hier sind die Fenster geschlossen
Luft von draußen
Die brauchen wir nicht
Draußen stinkt's auch.

Sechs Tage Urlaub minus Einen
Sechs Tage schreiben für sie
Sechs Tage denken an sie
Sechs Tage hoffen auf was?
Sechs Tage klopfen
Sechs Tage stopfen und dann?

Mir fehlt der nötige Ernst
Aber sie sagen mir ich sei so ernst
Ich könnte nicht lachen
Mich niemals frei geben
Keine Späße nicht machen
Sie sagen mir ich sei tot
Ich stinke schon.
Dalques Onum

Südwestmentalität
Weiterschauregungen
Neunzehnhundertzweiundsechzig

Ohne Datum

Schwarz-weiß

Denn es wird nie wieder

Irgendwann auf einer Insel Ver-
liebt in die wirkliche S. Ich werde
es ihnen zeigen Mit mir nicht!

Der Wandel per Zeit.

Sprünge

Der Sprung ins nackte Leben
Sag Stunde geh doch rum
Der Sprung ins Bett der Bilder
Roman geschrieben Wumm!

Die üblichen Sprüche
Verzerrte Sprünge Knochenbrüche
Gedichtet lang wie das Papier
Zerrissene Blumen draußen
Und hoffen wir im Zelt
Die Welt der Kuli Schreiber
Ist wirklich meine Welt.

Dort steht das Bett zu öffnen

Fenster zur Straße alles frei

Dort laufen die verklemmten
Leute

Ganz offen dran vorbei.

Niemals so frei wie im TV

Die Ideale nicht in Sicht

Ihr tut zu viel

Und findet immer wieder doch
den Menschen nicht

Absage

Na und, ein hoffnungsvoller Brief

Wenn man es denn so sehen will

Ich scheiß darauf, das ist gewiss

Erziehung und mein ganzes Leben

Verdammt noch mal

Will nicht so sein

Bin Superheld im Kinderzimmer

In Schüchternheit gar vor mir selbst

Spielzeug Napoleon

Talent ist da, verkümmert immer in Berührung mit Ozon

Dein Fidius Poeticus fliegt arg enttäuscht davon.

Lyrik 1988 - 1989

Gedankennacht

1

Als die Träume jünger waren
Erzählten sie von so viel Glück
Ist die Freiheit nicht zu haben
Für Jedermann im ganzen Stück?
In den Wolken zieht sie Bahnen
Schaut den weißen Möwen zu
Wie sie fliegen vogelfrei
Hoch hinauf zur kalten Ruh.

2

Sie reitet auf dem weißen Pferd
Ihr Haar flattert im Wind
Er kannte sie bereits
Da war sie noch ein Kind
Er sitzt im Sand und träumt verkehrt
Was auch mit ihr geschieht
Er weiß nicht mehr wem er gehört
Pfeift leise ihr sein Lied.

3

War es nicht schon einmal so
Wird immer wieder geschehen
Ihr weißes Kleid wirft
Schatten wo
Sie jeder Mann kann sehen
Der Hufschlag wirbelt
tiefe Spuren
In ausgetretenen Pfad
Sein glühend Herz ist viel zu schwer
Es dreht sich wie ein Rad.

4

Jede Nacht erzählt Gedichte
Von Frieden, Glück und Liebe
Jede Nacht bringt Hunger und Leid
Ist Zeuge dunkler Triebe
Jede Nacht macht Geschichte
Im Boot der Träume auf weitem
Meer Jede Nacht bringt neuen Sturm
Und fegt die Köpfe leer.

5

Ein kleines Kind mit Puppen spielt
Die wachsen von Tag zu Tag
Vom großen Gott wird viel erzählt
Vor diesem Bild es nur erschrak
Es taucht hervor in neuer Zeit
Lernt »Wütend sein« und »Traurigkeit«
Es lernt vor allem Unterschied
Und pfeift schon bald das alte Lied.

6

Und niemals wird's zu Ende gehen
Die Nacht kehrt immer wieder
Neue Träume entstehen und vergehen
Und lehren uns neue Lieder
Immer wieder ein neuer Pfad erwächst
Und sie reitet auf neuem Pferd
Und ihrer Gedanken sind wie verhext
Doch ihre Liebe ist es wert.

7

Bunte Lichter, neue Farben an der Wand
Streifen durch Traum und Leben unerkannt
Sie bleiben als Spur der Geister schwach
Oder gar nicht mehr zurück

Sein Kopf liegt auf dem Kissen

Im Traum sucht er sein Glück

Und aller Zweifel verflog immer dann
Wenn der Schlaf der Nacht begann.

Alte Lieder oder das »Schneewittchen Land«

1

Denn sie tragen schwere Narben

Die sie brachten aus dem Krieg

Wer kann ihren Kindern sagen

Warum verloren und nicht Sieg?

Wer konnte ihren Tod beklagen

Den bösen Geist vertreiben irgendwann

Den Kindern neue Liebe geben

Als der Frieden schon begann.

2

Fünfzig Jahre ist vorüber

Was auf unseren Rücken steht

Und wir hören es immer wieder Aber Reue ist
zu spät

Alte Bilder, alte Lieder

Bleiben jung in altem Geist

Neue Bilder die verraten

Was uns wieder mal umkreist.

3

Hört die alten Lieder

Sie schallen in neuem Glanz

Sie rollen die Fahnen auf wieder Und tanzen
den alten Tanz

Und dicke Sessel in Wolkenkratzern Sind wie
Götter im Himmel hoch Auch sie murmeln
die alten Parolen Und drängen zur Fahne ver-
stohlen.

4

Ganz egal wie viele sterben

Sie glauben an ihr Spiegelbild

Ganz egal wie viele Scherben

Nur Veränderung macht sie wild

Denn sie sind die Herren der Welt Ihr Glaube
ihnen Religion

Die Opfer werden nicht gezählt

Da hätten sie viel zu tun.

5

Kein Mensch stellt ihnen Fragen
Auf die niemand Antwort gibt
Was bleibt auch noch zu sagen
Wenn stets die Lüge siegt
Warum baut ihr Städte.
Die wie Friedhöfe aussehen
Warum sind es Zäune
Die um unsre Häuser stehen.
6

Sie marschieren durch die Straßen
Verliebt in den Beton
Sie halten abgeknickte Zweige
Wie ein Kind den Luftballon
Sind stolz auf neue Gartenlauben
Und der Dinge Lauf
Halten sich Elitetauben
Im Friedensschluss Verkauf.
7

Doch der Spiegel an der Wand
Erzählt von einem anderen Land
Es ist »Schneewittchen Land«
Weiß und Schwarz gehen Hand in
Hand
Die Masse aber wie zur Schau
Bleibt schlicht und grau
Du wunderbare Zeit und Welt
Gewalt regiert dich und ihr Geld.
8

Doch sie können nicht begreifen
Was Schatten wirft nur auf ihr
Licht
Sie lieben ihre Nadelstreifen
Und pflegen ihr bemaltes Gesicht
Schicken ihre Kinder in
Eliteschulen
Erzwingen ihren Glauben an das
oberste Gericht Belehren freund-
lich all die Armen
Verstehen jedoch die eigne
Dummheit nicht.

9

Irgendwann und irgendwo
Unter all dieser Show

Liegt der Sinn noch tief verborgen

Denn man fühlt sich gar nicht froh

Wo der Frieden längst gestorben

Und so erwarten wir die Ritter

Eine Retter Schar von morgen

Ganz als brächten sie Gewitter

Das uns befreit von allen Sorgen.

10

So fragt der Mensch umsonst nach Liebe

Denn ihr versteht ihn nicht

Er fragt euch stets danach was bliebe

Doch ihr lacht ihm ins Gesicht

Furcht und Glaube bleibt sein Gott

Denn so verdrängt er seine Not

Und schlägt er sich durch euer Spiel mit Schwert

So ist doch jeder Funke Hoffnung dieses Leben wert.

Mann an Frau

1

Mann an Frau!

Sag wie viele Jahre wollen wir noch hoffen auf uns zwei?

Sag, noch immer läufst du durch dunkle Gassen einerlei

Sag, warum dein Lied niemals wieder erklingt

Sag, sind deine schönen Lieder zu Ende irgendwann

Sag mir was dann.

2

Mann an Frau!

Du träumtest oft von vielen Dingen als du noch ein Kind

Wolltest über Wolkenkratzer springen und fliegen wie der Wind

Dein Geist war wie Legende so voll Phantasie

Doch deine kleinen Hände fanden all die großen Dinge nie.

3

Mann an Frau!

Als du größer wurdest,

wolltest du ein Schauspielhaus erbauen

Und du spieltest gut Theater, zogst Grimassen wie ein Clown

Himmel und Erde wurden eins für dich, als dein Traum begann

Doch niemand deinen Arm ergriff, als die Zeit verrann.

4

Mann an Frau!

Dein Silberschmied im roten Feuer stählt

Den Speer der jeden Schild blutig durchdringt

So kämpfst du unverdrossen schwer, durch Gegenwind und Jammermeer

Dein Arm auch dort die Schlagzahl hält,

wo jede andere versinkt

Und im Eis baust du den Turm aus festem Schnee

Doch mit der Sonne, kehrt auch dein Werk zurück zur See.

5

Mann an Frau!

Du bist wie wunderschöner Zauberbann
Dein Reiz noch immer, jeden Sonnenstrahl durch-
dringt Doch glaub mir irgendwann, es ist noch nicht zu
spät
Musst du bemerken, was dir kein anderer verrät
Das auch dein Glücksstern unaufhaltsam sinkt.

6

Mann an Frau!

Die Tage sind nicht zählbar

Für die vielen Dinge die da sind und ich dir sagen will

Deine Lippen aber sind verführerisch und still

Sag mir wann unser Märchen denn begann?

Sag mir wann ist unser Himmel nicht mehr grau?

Sag mir wann wirst du endlich meine Frau?

Ganz einfach

1

Er war kein schöner Mann

Ein Tänzer nur grad wohl

Vor Frauen war er stets scheu

Ein Träumer jeder Zoll

Doch dann fast wie mit Zauberhand

Die Nussschale zersprang

Als sie ihm voller Ernst bekannt

Sie fände ihn ganz toll.

2

Es war ein Großstadttag

Die Häuser voller Licht

Sie warfen lange Schatten

Über ihr Gesicht

Er saß in seiner Ecke

Ganz so wie fehl am Platz

Ihr Lächeln war bezaubernd

In seinem Herz ein Schatz.

3

Und irgendwann sein Zeichen Den
Schatten durchbrach

Er wollte sie begreifen

Und lief ihr darum nach

Und all die anderen Menschen
Übersahen das Wunder nicht Er lief
durch volle Straßen

Seine Liebe war Gesicht.

4

Nichts war mehr wie zuvor Als er sich in ihr verlor
Sie gab ihm Nähe und Gefühl Zarte Verlockung war
ihr Ziel
Und alles andere war Schein

Vor ihrem großen Liebesschrein

Er wollte nie mehr sie verlieren

Sein neues Glück nie mehr riskieren.

5

So war es wie im Rockkonzert

Ein Trommelwirbelsturm

Wenn sie sich trafen ungestört

In ihrem Märchenturm

Doch dann ergriff sie irgendwas

Und plötzlich sprühten ihre Augen Hass

So floh sie fort nach eigenem Plan

Die Leidenschaft sie war vertan.

6

Der grelle Blitz den er erkannt

War wie ein Feuersturm verbrannt

So war es nur Beziehungsspiel

Und sie war fort ohne ein Ziel

Doch auch an jeden fernen Ort verfolgt sie sein Gefühl Er
liebt sie ohne zu verstehen

Und diese Liebe wird nie untergehen.

Nach dem Krieg

1

Er fand das Fahrrad auf dem Hügel
Wo kein Baum mehr stand
Rund um schiefe Räder
War der Boden schwarz verbrannt
Seine Kleider nur noch Fetzen
Seine Augen voller Sand
Keine Träume im Gedanken
Sein Gefühl aus ihm verbannt.

2

Ein alter Mann sitzt auf dem Boden
Und schaut den toten Vögeln zu
Er denkt vielleicht an seine Lieben
Und findet darum niemals Ruh
Er spürt keine Hitze
Summt keine Lieder für die Freiheit mehr
Krümmt nicht die Finger
Hebt nicht die Glieder und seine Augen bleiben leer.

3

Was habt ihr gesehen?
Könnt ihr erkennen?
Was ihr nicht heute schon verbrochen
Seht ihr die Wolken am Himmel vergehen? Könnt
ihr's verstehen?
Keine Fahne weht mehr im Wind
Keine Mutter wiegt mehr ihr Kind
Keine Trommel schlägt mehr den Takt Denn die
Welt, sie ist endlich nackt.

4

Dicker Rauch schwebt über die Felder
Und Feuer ist gut sichtbar hell
Die rote Flamme schluckt die Wälder
Gnadenlos schont sie kein Fell
Nur Eisen unzerstörbar glänzt
Im trüben Sonnenschein
Unvergessen bleibt der Lenz
Und soll es auch der letzte sein.

5

So schlendert er durch tote Gassen
Geister an seinen Ärmel fassen
Und nirgends trifft er Widerstand
Nur noch Trümmer was er fand
Könnt ihres nicht sehen?
Bleibt keiner stehen?
Der letzte Bettler zu Staub verbrannt
Kein Schmutz mehr in diesem Land.
6

Und ihr seit mit eurem Schiff
Weit hinauf ins Unbekannt
Alles bleibt zurück
Was euch doch niemals verwandt
Niemand kennt die fremden Sterne
Die auf euch warten in der Ferne
Doch sie leuchten unerreicht
Und das Herz es wird uns leicht.

Nie vergessen !

1

Sie bat ihn stets nicht aufzuhören
Weil sein Lied so traurig war
Gab ihm den Mut das zu zerstören
Was nur noch Parole war.

2

Die Melodie ließ ihn vergessen
Den alten, grauen Tag verstehen
Und er sang ganz wie besessen
Ihr Bild in sich zu sehen.

3

Und er spielte immer weiter
Und ihre Kinder sangen mit
Doch es machte sie nicht heiter
Aber war ein erster Schritt.

4

Aus dem Feuer kommt die Kraft
Das in roter Glut vergeht
Wer die eignen Träume fasst
Für den kein Wunder kommt zu spät.

5

Und er saß in stiller Hoffnung dort
All das Gute half ihm nicht
Denn er dachte nur an jenen Ort
Vor dem grausamen Gericht.

6

Sie blieb immer seine Liebe
Die Erinnerung Gefühl
Sie starb ständig tausend Tode
Nie vergessen war sein Ziel.

7

Und er schaute auf zum Himmel
Und sah dieselben Sterne
Und sah den selben Gott
Und hörte ihre Stimme in der Ferne:
Völkermord.

Letzte Ballade Krieg

1

Träume sind wie Widerstand
Doch nur gegen wen?
Laufen sie am Geisterstrand
Doch man kann sie sehen
Städte sind zu Schutt verbrannt
Und alle Herzen mit
Niemand ist hier mehr verwandt
Kann niemand mehr verstehen.

2

Schon ist wieder zwei Uhr morgens
Klamme Finger tasten, fühlen
Und die Spinner ziehen vorüber
Unerkannt und doch verdorben
Und sie singen alte Lieder
Von der eignen, heilen Welt
Aber keiner zählt wie viele wieder
Ungezählt gestorben.

3

In Sonne wird der Tag geboren

Und unverblümte Lebensfreude

Hängt aus dem Fenster weißes
Tuch

Das noch die Hoffnung nicht verlo-
ren

So hört mir zu was nicht verboten

Wenn auch nur für eure Toten

Lauft nicht davon, glaubt fest daran

Dass man noch was retten kann.

4

Schwarze Fahnen winken eifrig

Wo in der Spitze brennt das Licht

Solch Politik bleibt unbegreiflich

Doch wachsen darum Bäume nicht?

Und so bleiben alle stur

Sie lachen nicht und flüstern nur

Doch keiner weiß dafür den Grund

Und noch sind einige gesund.

5

Im alten Wald da blasen Hörner

Und alles Eis, das kehrt zum Teich zurück Gestorbene

Spatzen picken faule Körner

Hört, ihre Lied erzählt noch von vergangenem Glück

Da, unverhofft aus lichtem Dunkel

Und über allem Donnerfunkel

Hört man einen letzten Schrei

Es ist uns auch schon einerlei.

6

Wir sitzen hier im festen Stuhl der Träume

Weit fort und doch dem Mord so nah

Wir schützen nur die eignen Bäume

Und so ist es denn wies immer war

Die Weisheit und die Ehre unsrer Väter

Sie ist im schlechten Spiel verraucht

Vor dem Spiegel, da erkennen wir die Täter

Doch die Waffe, sie ist längst zum Stoß gebraucht.

Tja

1

Sie singen und tanzen

Im Licht vor dem Fenster

Sie kreuzen die Lanzen

Und tauchen den Pinsel noch tiefer hinein

Die Silberfiguren sind auch nur aus Zinn

Die offenen Lücken eröffnen Konturen

Grell gelber Schein wirft viel Schatten auf mich.

2

Kalte Füße bleiben hocken

Alte Sessel werden nur noch kaputter

Farbentuch im schmutzigen Becken ertrinkt

Wo Zukunft vor elend verreckender Gegenwart ständig erblasste

Automatengerümpel ist nötig in scheinbar viel zu klarer deutscher

Luft.

3

Die Hand aus dem Dunkel

Erkennt nicht die Vielfalt der Vielschuhparade

Auf der kurzen Linie voraus

Gedanken in Schrecken, gestorben, verstecken

Hinter den Büschen des einzigen Gleis

Fahrplan zu wenig

Zufiel sauer Regen

Wenn doch was Süßes gefragt

Kein Stift findet Worte für solch schlimme Orte

Kein Schüler bleibt Schüler sobald er den Faden zerreißt.

Steppenwolf

Kringel in verrauchter Luft

Bitter süßer Mädchenduft

Die Angst vor dem Kuss

Befreiung des alten Mannes

im Ich

Eitelkeit brilliert

Erkannt im Buch

Im Gedanken, im Film und im Hirn

Reinkarnation

Der Arm tut weh

Der Stift verblasst

Die Augen fallen ständig zu

Im Schatten der eigenen Hand

Hoffnung wo bist du?

Angst

Die Angst

Die Angst

Die Angst

Die Angst

Die Angst

Wovor?

Läufer & Springer

Flackerndes Licht im goldenen Rahmen
Und an der Wand der dunkle Schatten vor dem Kind
Hört ihr die dicken Köpfe mahnen?
Und doch weiß keiner wo wir wirklich sind
Sie machen die Kanonen scharf
Die Kugeln sind noch immer nicht aus echtem Blei
Die Messerklingen glitzern heiß
Auf unsrer Stirn sehen sie den Schweiß
Was ist das alles bloß hier
für ein Gott verdammter Scheiß?
Bloß raus!
Die roten Zeichen auf der anderen Straßenseite
Ein Wagen kreuzt das Licht
Der Springer aus dem Schatten hält im Arm das Kind
Und der Schluss im Rücken trifft den Läufer diesmal
nicht.

Didum

1

Sing, tanz und spring,

hopse und schling

Die Arme um alles was dir lieb und teuer ist

Sing, tanz und spring,

hoffe auf alles was schön ist

Auf dieser wundersamen Welt.

2

Ein Regen fällt auf diese Welt

Die Apfelbäume blühen

Alles ist schön was für uns zählt

Die Trauben leuchten blau

Die Erdbeeren sind staubig grau

Oh Regen

Wie sauer bist du?

Oh Regen

Du deckst uns ganz zu

Wo bleibt deine Gnade?

Wer hat dich bloß geschickt?

3

Die Eichhörnchen sind müde

Die Blumen sind geknickt

Die Eimer gießen weiter

Der Himmel spielt verrückt

Hört ihr das Halleluja?

Den falschen Ton im Engelschor

Glaubt ihr es wird sich ändern?

Macht ihr euch noch immer das Gleiche
vor?

4

Didum, didudididum

Wir singen und wir tanzen noch

Am kargen Rand vom tiefsten Loch

Die Wolken ziehen sich weiter zu

Was kümmert es mich, lasst mich in Ruh.

Brüder, Schwestern

Sag Bruder was glaubst du?

Sag Schwester,

wie ist es bei dir?

Geliebte, unerkannte die bleiben dir erspart

Luft, ohne Ausweg zur Flasche

Duft, abgestanden und beinah verpufft

Ziel ohne Anfang

Kein Führer in Sicht

Blick ohne Weite

Wunderschön ist das nicht

Wie soll es gehen?

Wie weiter sich drehen?

Schuh, dein Absatz verliert seinen Weg

Traum ohne Inhalt

Kommt eh viel zu spät

System, viel zu höflich

Als das man überlebt

Sprung wäre so einfach

Schon oft ihn erstrebt

Irgendwann.

Drachengesicht

Kasten

Kästen

Kisten

Kosten

WUNDER!

Kerze

Was werden wird

Mein Drachengesicht

Antenne

Kabel

Satellit

Raum

Freude

Spaß

Hoffnung

Traum

Erkenne Schaum

Im fahlen Licht.

Wunderkiste

Dies ist unsere Wunderkiste
Dies sind die Söldner der Welt

Dies ist der Mittwoch des goldenen Sommers

Die ist das Kind was die Puppe behält

Dies ist der Regen der den Feldern das Wasser bringt

Dies ist die Brille die mir auf der Nase hängt

Dies ist die Insel auf trockenem Land

Dies ist der Maler der den Pinsel nicht fand

Dies ist die Stadt mit der Straße

Dies ist das Mädchen im Gras

Dies ist das Wunder das nicht stattfand

Dies ist der Zeichner der es sprüht an die Wand:
WUNDERKISTE

Schöne Dinge bringst du ins Land
Wunderkiste Hallo!

Was ist?

Was ist wie?

Und wann und wo?

Wer weiß warum, weshalb, wieso?

Die Jahr zählen nicht mehr nur

Der Kaffee der wird ständig kalt und alt

Und sie steht jede Nacht im Flur

Licht- und Traumgestalten

Die Kerzen gehen aus

Nur weil das Fenster immer wieder offen steht

Der Geisterwind hindurch

sich weht

Das Loch in meiner Wand

Gehört der fixen Maus

Die mir unaufhaltsam, ständig an den Käse geht

Wie noch, was denn?

Nur weiter so

Lese dauernd Zeitung

Sitze nur müde auf dem Klo

Und wen es klingelt bin ich froh und fühle mich unnahbar

Weiß ich doch ganz genau

Das es nur im Fernsehen war.

Kein Rat

Sag mal Junge, weißt du nicht, ob es Pest ist oder Gicht?

Hier liegen die Rechnungen auf dem Tisch

Hier liegt der Lappen mit der Farbe frisch

Der Kasten mit den bunten Stiften steht offen auf dem Klavier Die
Wand hält jedes Licht

weit ab

Die Bücher kippen um vor Staub

Manuskripte stapeln sich

Der Fernseher hofft auf sein lang erwartetes Comeback

Die Decke ist ein großer Knubbel in diesem Rest von einem Bett

Ein Windhauch gibt die Richtung an

Der Radiowecker funktioniert nicht mehr

Das Thermometer zeigt auf 100°

Die Füße liegen über dem Kopf

Der Durst ist riesengroß

Der Bauch schwillt an

Es platzt mein Kopf, mit mir ist nichts mehr los

Sag, sag mir was du nicht weißt

Sag mir ob es Pest ist oder Gicht

He, wo ist das schöne Wetter?

Wo ist mein guter Geist?

Die Wagen voller Träume

Die Kisten voller Teddybären

Die Kübel voll mit Himbeereis

In jeder Hand den neuen Preis

Für die Sieger des immer wieder gleichen Spiels Sag,
sag mir wo die Insel ist

Sag mir wie unser Traumland heißt.

Die kleinen Sachen

Sagt mir Sir

Wie wollt ihr es denn haben?

Zufiel Macht hinter den Schreibtischen

Ich pisse drauf!

Papierkorb Anmaßung

Wozu auch

Die kleinen Sachen

Im Raum gefangen

In der Zeit verloren

Klassenzimmer

Ein klasse Zimmer

Glas immer

Klar mehrGlas

Fleck Prüfungsfleck Notendreck!

Weg hier.

Winter

Luft oh Mutter aller Dinge

Sprich, träume wenn ich singe

Regen, Wasser aus den Wolken

Glocken, dröhnen vor den Bergen

Schönheit der fliehenden Vögel

Blumen im letzten Glanz des Sommers

Tropfende Tannen, gebogen im Wind

Hölzerne Bänke unter fallendem Laub

Bleierner Nebel auf den Dächern der Menschen

Goldener Schimmer, du der Sonnenstrahl Grenzen

Der nasskalte Morgen verhindert was war

Der Winter ist da.

Flötenspiel

Töne, unendlich bekannt

Ziehen wie die Vögel durchs Land

Lange war der Stab aus Holz stumm

Lange stieg die Hitze empor

Lange viel das Wasser den Steilhang herab

Kurz wart der erste ernüchternde Satz

Laut die Musik

Die Trommeln verpatzt

Die Sprachen trivial

Der Unterricht blöd

Die Stifte versagen

Die Vögel ertrinken im Wasser des trockenen Teiches nur langsam

Die Lampe sie schimmert

Das Auge versagt

Ein Dichter der schlummert

Fährt niemals zum Markt.

Schluss damit

Reime die töten

Flöten die flöten

Dichter die reimen

Tote die dichten

Reime die flüchten

Sag?

SARG!

An welchem Tag?

Welcher Sarg?

Dubidubidubidubidididu

KUNST

Schluss.

Die Begegnung mit dem Volke

Auf Wanderung von Leib und Durst

Auf Wegen voll von Menschen

Auf Unvernunft und Trunkenbold

Auf Thekenklatsch und Hopfen Bräu

Auf Wasserscheu

Gebranntes Kind

Auf schale Säfte

Junge im Wind

Auf viel zu alt und Faultiertum

Auf wahre Worte machen dumm

Auf alles hängt von allem ab

Auf ruhiger Typ und Mensch Galopp

Macht jener dies

Säuft jener das

Vermischt sich Liebe und auch Hass

Schon niemals weg was wir und tun

Auf unsern zweifelhaften Ruhm.

Ein fremdes Land

Die Flöte spielt und fühlt sich wohl verstanden

Das Wasser ist doch überall

Die Berge hören in der Höhe ihren Hall

Der nie verklingt

In weiter Ferne eine wunderschöne Mädchenstimme singt

Die Sonne weiter scheint

Die leere Fahne weht im Wind

Makabere Düfte ziehen durch das Land

Oh Schreck verdeckt sie zu!

Verwischt die Illusion

Im nächsten Frühling sitz ein Neuer wohl auf unserem Thron.

Der Spanner

Ein Gift für alle braven Bürger
Sie wollen es nicht hören
All diese gesunden Beziehungen
Ich glaube manchmal
Der Weg ist versperrt, verriegelt, zugemauert
Sie bauen ihre Mauer um sich und ihre Welt
Um ihren Besitz auf Frau
Die es auch nicht anders will
Erziehung!
Die Träume sie bleiben
Die Sehnsucht, die wirkliche Liebe
Der Zuschauer stirbt und sie lachen
Und freuen sich ihres Glückes
Er hat es nicht anders verdient
Der Schrei der Nacht wird in Falschheit erstickt
Der Arm schmerzt
Meine letzte Chance für Onanie
Ein grausames Wort
Und die Sehnsucht stirbt mit
Der Regen fällt weiter
Die Raketen sind wir
Der Gedanke bleibt vermummt
Und nichts am Körper mehr gesund
Außer dem Penis
Und dieser ist obszön
Müde
Angst vor dem jungen Alter
Und Furcht vor dem alten Heim zur frühen
Stunde Ihr Geister entfleucht!
Donnerblitz im Bett ganz fett
Meine Augen
Oh Gott, meine Augen
Sie sehen den Tod, die Lust
und den inneren Kampf
Sie sehen den Spott
In der Tasse voll Wein
Und nirgends ein gütiger Gott
Wir sind allein im Sein.

Götterwerk

So habt ihr doch alle den Pfad nicht begriffen

Den Bitterkeit weiterhin aus dem Krug der Falschen begießt

So habt ihr mich weiterhin mit faulen und aber doch süßen

Äpfeln beschissen

Drum taub wird die Zunge wo stumme Ohren im selben

Schrecken unheilbar vergehen

Und nichts mehr verstehen

Drum blind wird der Löwe

Seine Kinder hört er schreien

Und findet im Dschungel nicht heim

Dumm wird der Mensch

Tut er vertrauen dem Weibe leihen

Klar fließt das Wasser im Keime kalt

und fällt doch in gute, tiefe Brunnen am Weg

Drum tot ist der Schwere

Da einst Götter getan

Was niemand versteht

Tot ist ihr Werk

Ihr Geist gebrochen im Wahn.

Das Programm

Ich und mein Computer

Die Welt versinkt in mir

Hinter meiner Brille lebt ein Wilder

Und verfolgt die Bilder

Ein Tier in mir

Kein Platz im Zoo?!

Kein Schreien mehr

Raus heißt rein

Ich bleibe hier allein.

Kopfweh

Hallo Mephisto!

Hallo Schwur

Ich schwöre die Welt jetzt endlich ernst zu nehmen

Ich schweige und lache

Ich fühle und weine

Ich verliere mich als Mittelpunkt

Ein Haus voller Angepasster

Da draußen will ich hin Aber ich bin zu klein

Ich hungere mich zu Tode Irgendwann,

ich schwöre es ist Zahnweh.

Faust 3

F: Nehmt Ihr die Wette an?

M: Schlagt ein.

F: Sagt mir mein Herr, warum liegen die Dinge wie sie sind?

Sagt mir wie konnte diese Welt entstehen?

Wie kann ein Mensch ihr Streben oder das der anderen Herren

verstehen?

M: Darauf, guter Mann werdet ihr die Antwort niemals finden,

auch wird sie Euch kein Herr jemals erklären.

Ihr müsstet Eure Augen schon verbinden und würdet doch die

Frage bloß nur immer wieder hören.

F: Wie scheint Ihr mich gar ständig zu verwirren.

Dies Eure Absicht habt ich wohl durchaus erkannt

M: Ihr irrt mein Herr.

F: Nicht doch, verliert nicht das Niveau.

M: Ihr werdet sehen, glaubt mir, was niemand hofft, doch jeder

weiß.

Was Ihr zu bieten habt ist Schweiß.

F: Ich bin ein Mensch, drum ist mein Glaube schwach.

Nur Helden bleiben groß.

M: Glaubt mir nicht Größe macht gerecht.

Nicht Wille stark, nicht Alter echt.

Ihr könnt es selbst entscheiden Doch rieft Ihr mich herbei, so

wisst Ihr, sollt Ihr sterben, ist Euer Mut Euer Verderben.

Doch seit versichert, geht Ihr den nur verzierten Weg

So ist er zwar teuer, doch niemals schlecht.

F: Ein wahrlich angemessener

Handel, die Wahl scheint mir ein tödlich Spiel.

War ich verzweifelt, schrie nach dem einen Herren, war doch

der andere nicht mein Ziel.

M: Ihr gebt mir einen falschen Namen.

Ihr seid nicht Faust, drum bin ich nicht sein Gönner.

F: Und doch kommt dies ganz dem Märchen nah.

Ich kann dies alles nicht glauben.

Bin ich allein ein Wurm im Staub?

Warum mein Herr, gar kaum ich's glaub

Warum soll ich so elend sein?

M: Ihr seid beruhigt Euch, wie alle und darum gut genug.

Wohl an, ich schreite fort im eiligen Flug

Und Ihr, solltet Euch zurück zu Euresgleichen finden.

Denn der Pflaumenbaum wird blühen

Schwarze Hand im Gesicht des Teufels

Scharfe Krallen, Ungeduld

Schwanke ständig, bin schon gestorben vor dem Ziel

Euphorie und Kampfgeist ohne Chance gegen Tricks

Kann es nicht schaffen, will doch die Würde nicht verlieren

Felle schwimmen, muss ständig Hardcore Scheiße ohne Glück

parieren

Alles läuft entgegen, nichts steht für mich ein

Kann mich nicht bewegen

Sie macht mich so klein

Was soll ich tun?

Im Wirtshaus

Da sitzt er nun schon eine Stunde.

Und hat doch beinah nichts vertan.

Er sieht mich gern und wohl behände.

Und doch sein Mund die Worte wohl nicht finden mag.

So sitzt er dort in einem fort.

Und schon geht auch noch dieser Abend tatenlos zu ende.

Nacht gedacht
Ich verliere in der Trauer Mitleid
Sieben Tage schreibfaul
Ich hatte so viel und doch nichts um
mich Der Regen trommelt auf das Dach.
Ich spiele oft viel zu viel Theater
Und das Schlimmste ist,
Theater vor mir selbst

Kein Weg
Kein Ziel
Keine Lust
Nur Spiel
Kein Glück
Keine Anspannung
Kein Traum
Keine Chance Kein Job
Kein Geld
Keine Frau
Kein Zelt
Keine Kraft
Kein Mut
Kein Stolz
Keinen Hut
Kein Freund Kein Sieg
Ohne Blick
Nur noch Krieg

Alter Bruder

Da fallen keine Schuppen von den Augen

Die Kerzen brennen ewig nicht

Ist mir die Zahl doch gar zu unbekannt

Scheint sie mir noch in weiter Ferne nur zu schweben

Ein klarer Blick hinaus

Lässt die Erinnerung dich wohl nicht los
Ein weites Land, ein imaginärer Strand
Als Beispiel deiner Sehnsucht bloß
Vielleicht hast du es ganz erlebt?
Vielleicht sind deine Segel schon zerfetzt?
Bist du, wie auch der Wind sich dreht, so oft entge- gen
ihm, über das tobend Meer gehetzt
Manchmal wirst du die Glocke laut vernommen ha- ben
Ein andermal hättest du geschworen, sie stand für
immer still Der Regen aus dem Chor der Welt gebo-
ren, fällt nun schon
silbergrau auf schwarzen Grund
Ein jeder Morgen steigt noch schwerer aus dem
Nebel hoch
empor
Verhallt der Schrei, vertraut in deinem Mund
Durchbricht die falsche Schönheit ohne Grund
Marschiert auf ewig jungen Beinen den zugewachse-
nen Pfad herab
Bleibt Bruder, Geliebter, Sohn und Vater für die Klei-
nen
Und wird es sein bis tief ins Grab
Der Schalk jedoch ist unvermeidlich
Voll Furcht und Liebe, füllt das Wort die Lippen
Ein Wanderer sieht den Wald voll Bäume
Dies Alter in mir selbst beschworen, mit Wirklichkeit
bei dir die Scheu verdrängt
Die Sonne scheint, die Stadt ist friedlich, durchbricht
die Schranke, steht stolz im Licht
Bruder für Bruder …

Für mich

Wer kann solche Narben schlagen?

PERVERS!!!

Ein Autor zum Spott der Liebe

Für sich

Sicherheit

Das sagt sich so müde

Erfolgsstrich, nackte Liebe

Für sich, oder?

TOD

Grausam

Sehr

Tränenmeer

HASS!

Hass!

Im Tal

Im Tal der Schönheit
Gefangen
Im Glaube an Theorie
Verloren
Im Sinn der Fantasie
Verfangen
Im Turm der Angst
Bestürzt
Im Fels der Sonne
Beschattet
Am Baum der Wonne
Gehangen.

Im Kalender des Lebens

Es war einst ein junger Sohn

Ein Mann schon mit Idealen

Niemand glaubte ihm dies

Drum er es bewies

Ließ als Räuber die Ungläubigen bezahlen.

Ein Taxi hält Skystraße 4

Ein Schatten fällt ins Licht
Der Motor läuft, es schlägt die Tür Ein Hut

verdeckt Gesicht. Traumaussage

Wahrnehmung im Wunderlicht Zeigt ein

glückliches Gesicht.

Den Ton getroffen

Was soll man sagen?

Wann glaubt man sagen zu müssen, was andere niemals glauben? Ist

es nicht Unwissenheit, die wir als Wissenschaft verehren?

Ist nicht der Glaube an das Wissen, jenem selbst ein Stein im Weg?

Wird nicht ein solcher Weg, eben durch viele solche Steine im

Richtungssinn und Fort begehren beschränkt?

So sehen doch viele im Glauben an die eigene Kunst ihr Dogma, eine

Religion und sind zu blind für ihre selbe Blindheit

Ist das des Menschen Ton?

•

Verfangen

Was meine Herren ist die Vernunft?

Ist die Schlauheit der Menschen Vernunft?

Gibt es Unterschiede zwischen den Menschen?

Wenn ja, warum?

Ist Gott ein Produkt der Vernunft?

Ist Gott alles oder nichts?

Wer ist Gott, stellt sich hier die Frage im Sinne dessen, wer hat

dies alles verbrochen?

Niemand?

Diese Antwort ist unmöglich!

Ade im Schnee

Es gibt so viele die ich wüsste, die mein Mann für mich schon
küsste
Andersartig, manchmal in Stille
Blick hinaus
Wo nicht nur Blätter fallen
Und der Wind bläst eifrig
Durch das bunte Grau
Kalter Regen
Wolkenbrüche
Menschenberge Menschensprüche
Silberfäden
Flugzeuglärm
Menschen haben Menschen gern Im Herbst und so
Im Schnee ade.

Er war geboren für die Welt

1

Sie lag da und dachte an das was Wirklichkeit war und Traum Ihr
eigener Wille blieb ihr verborgen
Oder war nur ein flüchtiger Schatten immer wiederkehrender
Fantasie
Führten ihn seine Schritte zu ihr?
Sie wusste es nicht, doch ihre Hoffnung blieb ihr erhalten
bis zum Ende.

2

Es war ein Berg, worauf sein Schatten fiel
Das wirkte wie ein Zwang
Für ihn war es ein Spiel
Er trug ein Herz aus Stein
Jedoch erwärmt von rotem Sonnenlicht
Sein Geist erklomm das Himmelszelt
Uralt und steif über der Welt
Und wirkte wunderschön
Und an jenem Morgen schien es, als summte ein großer Chor Am
Tag seines Geburtstages
Jede Antwort in sein Ohr.

3

Die Frage war: »Was nun?«
Die von je her schon ihn beschäftigt hatte
Auf die er nun mal wieder keine Antwort wusste
Es war so viel zu tun
Das seine Sinne weit in alle Winde verwarf
Er schalt sich einen Tor
Was seine Nerven nur noch mehr zerriss.

4

Die böse Macht verborgen hinter der Maske des tollen Affen Das
Opfer der Braut im Schleier der Angst
Ein Held ohne Waffe im Schatten
Gespenst aller blutigen Götter
Vor flimmerndem Horizont
Wo ist die Sonne?
Dunkle Fresken auf alten Mauern
Blutige Spuren im Sand
Ein fester Turm ragt aus nacktem Gestein Heißer Mond bringt
den Tod.

Du alter Clown

Kein Clown bleibt ohne Krone

Kein König ohne Gesicht

Der Tag der Prinzen naht

Doch Zepter sieht man nicht

Wo sind die Wolken?

Und Wasser und das Land

Wo ist die Schönheit?

Die keiner hat erkannt

Stumme Zeugen halten Wache

Alte Säulen stehen zu Gesicht

Und ich schlendere und ich lache dem alten Clown ins Gesicht.

Wie war das noch?

Er sah ihre kurzes Haar

  Stumme Hoffnung im Gesicht

Sie saß verloren da

  In einem hässlich bunten Licht

Ein großer Busen ungemein Gefühl

Doch all sein Mut war nur ganz klein

Als sie ihn entdeckte

Liebe.

Darum sagt er und schreibt er hier ...

Ein Wagnisse

Aber Küsse

Schlüsse

Schüssel

Schlüssel

Keine Arglist

Da rum

Da rum

Da rum

ZACK! Stumm.

Im Nachbarhaus spielt Musik

1

Schon auf der Schulbank war er gut

Sein Leben wie ein Lied

Wir waren gute Freunde

Sein Rhythmus tausendfach fatal

Was er auch schrieb gelang und war doch banal.

2

Du musst es hören, wenn auch nur durch diese Zeilen

Ich könnte beschwören, ewig zu teilen

Dir zu gehören war nur mein Wunsch

Aber es muss, warum muss sich verschweigen?

Es fährt mein Floß, muss weiter treiben

Am Steuer steht ein finsterer Mann

Keiner versteht, dass ich es kann

Ganz ohne Liebe, ganz ohne Sinne

Es treibt hin fort, wer weiß wohin.

3

Spürst du die Faust, unsagbar hart

Es ist kein Spiel mehr, wer bleibt stark

Es ist, nur Mut, doch alles Schein

Es bleibt was gut und bleibt was klein Vielleicht in einer Zukunft wann?

Kann ich verstehen was hier begann

Kann schon auch sehen, wer schuld daran Und wer gekränkt und wer gewann.